职业教育·城市轨道交通类专业教材

城市轨道交通电工技术

樊廷忠　主　编
胡利民　副主编
陈海辉　主　审

人民交通出版社股份有限公司
北　京

内 容 提 要

本书为职业教育·城市轨道交通类专业教材,主要有4个模块:模块1 直流电路;模块2 交流电路;模块3 电工技术应用;模块4 电工操作技能。

本书为低压电工职业技能等级证书的书证融通教材,以电工岗位典型工作过程为导向,将教学内容与电工岗位能力对接,通过实验实训,驱动学生"做中学""学中做",使学生习得电工岗位职业能力。

本书可以作为城市轨道交通相关专业教学用书及电工岗位技能培训用书,也可以作为城市轨道交通运营、维护人员的普及读本及学习参考书。

为方便教学,本书配有电子课件等资源,任课教师可加入"职教轨道教学研讨群(QQ 群:129327355)"获取。

图书在版编目(CIP)数据

城市轨道交通电工技术/樊廷忠主编. — 北京:
人民交通出版社股份有限公司,2023.8
ISBN 978-7-114-18936-4

Ⅰ.①城… Ⅱ.①樊… Ⅲ.①城市铁路—轨道交通—电工技术 Ⅳ.①U239.5

中国国家版本馆 CIP 数据核字(2023)第 153296 号

职业教育·城市轨道交通类专业教材
Chengshi Guidao Jiaotong Diangong Jishu

书　　名:	城市轨道交通电工技术
著 作 者:	樊廷忠
责任编辑:	杨　思
责任校对:	孙国靖　刘　璇
责任印制:	张　凯
出版发行:	人民交通出版社股份有限公司
地　　址:	(100011)北京市朝阳区安定门外外馆斜街 3 号
网　　址:	http://www.ccpcl.com.cn
销售电话:	(010)59757973
总 经 销:	人民交通出版社股份有限公司发行部
经　　销:	各地新华书店
印　　刷:	北京虎彩文化传播有限公司
开　　本:	787×1092　1/16
印　　张:	15.5
字　　数:	384 千
版　　次:	2023 年 8 月　第 1 版
印　　次:	2023 年 8 月　第 1 次印刷
书　　号:	ISBN 978-7-114-18936-4
定　　价:	48.00 元

(有印刷、装订质量问题的图书,由本公司负责调换)

PREFACE 前言

城市轨道交通系统是一个庞大的复杂系统,涉及多领域、多学科。牵引、动力照明、信号、通信、空调、排风、自动售检票、站台门、电梯、消防、广播、给排水、综合监控等系统,是城市轨道交通系统的重要子系统,这些子系统与电工技术密切相关。

随着城市轨道交通事业的快速发展,城市轨道交通行业对从业人员职业素质的要求越来越高。只有打造一支高素质技术技能型人才队伍,培养更多能工巧匠、大国工匠,城市轨道交通企业才能不断提高生产效率、提升服务质量,获得良好的社会效益和经济效益。新修订的《中华人民共和国职业教育法》指出:"实行学历证书及其他学业证书、培训证书、职业资格证书和职业技能等级证书制度。"职业资格证书已逐步成为就业的通行证,是通向就业之门的敲门砖。

为了推动职业资格证书制度的实施,加快技能型人才的培养,服务学生成长和高质量就业,我们编写了本书。

本书作为职业教育专业基础课教材,具有以下特色:

(1)强调知识的科学性和实用性相结合。教学内容既"必需"又"够用",每一单元设置相应的实验或技能训练,旨在提升学生对所学知识的实际应用能力。

(2)强调学以致用。轻"烦琐计算推导",重"基本理论的应用"。树立以学生为中心的编写理念,力求内容简明易懂,为广大读者所乐用。

(3)书证融通。每一单元设置相应的低压电工职业资格证书考试习题,严格遵照国家职业教育教学标准中对电力技术类专业教学标准和电工职业资格等级证书考试大纲的要求,力求使内容覆盖电工技能鉴定的各项要求。

(4)通过实验和技能训练教学内容将思政元素融入其中,加强爱国精神、工匠精神、求实创新精神、奉献精神的塑造。注重安全意识、节能环保意识、责任担当意识的培养。引导学生树立正确的世界观、人生观和价值观,使学生成为德智体美劳全面发展的社会主义建设者和接班人。

城市轨道交通系统涉及电工技术的内容,主要包括直流电路、交流电路、电磁铁与变压器、电动机、安全用电等。本书对应上述内容分为4个模块,包含9个单元。

模块1是直流电路,包括:学习电路的概念、组成、状态,电路主要物理量,电路的基本定律等基础知识;学习电阻电路等效变换法、电源等效变换法、支路电流法、戴维南定理、叠加定理等电路分析方法。

模块 2 是交流电路,包括:学习正弦交流电基本概念、正弦量的相量表示法、单一参数交流电路、RLC 串联电路、交流电路功率因数;学习三相交流电源、负载的星形连接、负载的三角形连接、三相负载的功率等。

模块 3 是电工技术应用,包括:学习电磁铁与变压器内容;学习三相异步电动机内容;学习安全用电内容。

模块 4 是电工操作技能,包括:学习常用电工工具及电工材料的内容;学习常用电工测量仪表的内容。

全书由山东职业学院樊廷忠担任主编,辽宁铁道职业技术学院胡利民担任副主编,北京城建设计发展集团股份有限公司陈海辉担任主审。

我们真诚希望各位同学通过本书的学习,为城市轨道交通各专业的后续专业课程学习奠定坚实基础;也希望本书能为各位同学获取电工职业资格证书助一臂之力!

由于编者水平所限,书中难免有疏忽和不妥之处,恳请各位读者提出宝贵意见和建议。

编　者
2023 年 5 月

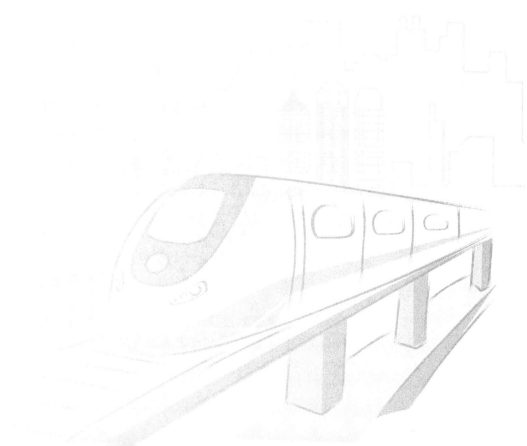

目录

1

致同学们

4

模块 1　直流电路

5	单元 1　电路基础
6	单元 1-1　电路基础知识
9	单元 1-2　电路的主要物理量
13	单元 1-3　电路的基本定律
16	单元 1-4　理想电路元件与电路模型
21	实验 1　电路元件伏安特性曲线的测绘
21	实验 2　电势、电压的测定
21	实验 3　基尔霍夫定律的验证
22	单元知识网络
23	考证训练
27	单元 2　电路分析方法
28	单元 2-1　电阻电路等效变换法
30	单元 2-2　电源等效变换法
34	单元 2-3　支路电流法
36	单元 2-4　戴维南定理
38	单元 2-5　叠加定理
40	实验 4　叠加定理的验证
40	实验 5　戴维南定理的验证
41	单元知识网络
42	考证训练

46

模块2 交流电路

47	单元3	单相交流电路
48	单元3-1	正弦交流电基本概念
51	单元3-2	正弦量的相量表示法
54	单元3-3	单一参数交流电路
61	单元3-4	RLC 串联电路
66	单元3-5	交流电路功率因数的提高
68	单元3-6	电路谐振
70	实验6	正弦交流电路相量的研究
71	单元知识网络	
72	考证训练	
76	单元4	三相交流电路
77	单元4-1	三相交流电源
80	单元4-2	负载的星形连接
84	单元4-3	负载的三角形连接
87	单元4-4	三相负载的功率
88	实验7	三相交流电路电压、电流的测量
89	单元知识网络	
90	考证训练	

95

模块3 电工技术应用

96	单元5	电磁铁与变压器
97	单元5-1	磁路的基础知识
101	单元5-2	电磁铁
103	单元5-3	变压器
109	实验8	单相铁芯变压器特性的测试
110	单元知识网络	
111	考证训练	

116	单元6	三相异步电动机
117	单元6-1	三相异步电动机的结构和工作原理
122	单元6-2	三相异步电动机的机械特性与铭牌
126	单元6-3	三相异步电动机的使用
132	实验9	三相异步电动机的正反转控制线路
133	单元知识网络	
134	考证训练	
140	单元7	安全用电
141	单元7-1	安全用电的重要性
142	单元7-2	防止触电的措施
144	单元7-3	触电急救
145	技能训练1	触电急救
146	单元知识网络	
147	考证训练	

156

模块4　电工操作技能

157	单元8	常用电工工具及电工材料
158	单元8-1	常用电工工具
170	单元8-2	常用电工材料
172	技能训练2	导线的剖削
172	技能训练3	导线的连接
173	单元知识网络	
174	考证训练	
178	单元9	常用电工测量仪表的使用
179	单元9-1	万用表
185	单元9-2	电流表
186	单元9-3	电压表
188	技能训练4	万用表测量电压、电流
188	技能训练5	万用表检测、识别主要元器件

189　单元知识网络
190　考证训练

197
参考文献

198
实验实训手册

致同学们

亲爱的同学们：

欢迎你们开启"城市轨道交通电工技术"这门课程的学习之旅。"城市轨道交通电工技术"是一门技术类课程。随着城市轨道交通的不断发展和进步，其对电工技术人才的需求也随之增加，作为未来的电工技术人才，将有越来越广阔的发展空间。

我相信同学们都有对新知识的好奇心和热情，并且对社会发展的重要性有着清晰的认识。近年来，随着科技的进步，城市轨道交通电工技术领域也出现了许多新技术，主要有以下几种。

超导电工新技术。利用超导材料的抗磁性，将超导材料放在一块永磁体上方，由于磁体的磁力线不能穿过超导体，磁体和超导体之间会产生排斥力，超导体浮在磁体上方，这就是磁浮列车的基本原理。磁浮列车速度高、客运量大、对环境影响小、能耗低、维护费用低、运行安全平稳，无脱轨危险，有很强的爬坡能力。随着磁浮技术的不断进步，未来的城市轨道交通必将呈现越来越多磁浮列车华丽的身影。

永磁同步电机驱动技术。永磁同步电机具有高效率和高功率密度、功率因数高、结构简单、体积小、噪声小、加速性能好等优点，采用模糊控制、遗传算法等智能控制技术，在城市轨道交通牵引领域具有广阔的应用前景。

超级电容器应用技术。超级电容器能够快速充放电，储存和释放能量高，特别适合于城市轨道交通这种频繁启制动场合。当列车进行制动时，通过控制开关管使超级电容器工作在储能模式；当列车加速时，通过控制开关管使超级电容器工作在释能模式。相比于其他制动能量吸收装置，超级电容器具有节能效果好、使用寿命长、比功率大、充放电效率高、对电网无谐波干扰等优势。

相信这些新技术的出现将为未来的城市轨道交通电工

技术发展带来更多的机会和挑战。因此，希望你们坚定信心，保持学习热情，不断学习和更新知识，以适应行业的发展和变化。同时，我们要积极探索和应用新技术，促进城市轨道交通技术的不断创新和发展。

在此，我们给出一些建议，帮助各位同学在学习"城市轨道交通电工技术"课程中取得更好的成绩。

巩固基础知识：在学习任何技术课程时，掌握基础知识都是非常重要的。只有通过反复练习和巩固，才能掌握电工技术的核心概念和理论，后期才能深入理解更复杂的技术知识。

学会自主学习：当前，互联网上有许多关于城市轨道交通电工技术方面的文献和资料，我们可以通过阅读这些文献来深入了解相关概念和方法。同时，参考书和课程材料是极为重要的，这也是我们在学习过程中的必备资源。

加强动手实践：将所学知识应用于实践是非常重要的，这可以帮助各位同学更好地掌握理论知识。各位同学可独立或团队合作进行实践，以检验创意和成果。

积极参与课堂：在课堂上积极参与讨论和提问是提高学习效果的一个好方法。与其他同学交流所学知识，不仅可以深入理解理论知识，还可以提升思考维度。

寻求帮助建议：如果在学习过程中遇到困难，可以征询老师、同学和其他相关行业人员的意见和建议。面对自己找不到答案的难题时，千万不要沉默，要通过询问和交流来解决问题。

希望以上建议对各位同学有所帮助。学习是一个持续不断的过程，只有通过实践和不断地学习才能发掘出创新点和攀登高峰。

各位同学，党的二十大报告指出，**教育、科技、人才是全面建设社会主义现代化国家的基础性、战略性支撑。必须坚持科技是第一生产力、人才是第一资源、创新是第一动力，深入实施科教兴国战略、人才强国战略、创新驱动发展战略，开辟发展新领域新赛道，不断塑造发展新动能新优势。我们要坚持教育优先发展、科技自立自强、人才引领驱动，加快建设教育强国、科技强国、人才强国，坚持为党育人、为国育才，全面提高人才自主培养质量，着力造就拔尖创**

新人才,聚天下英才而用之。办好人民满意的教育,全面贯彻党的教育方针,落实立德树人根本任务,培养德智体美劳全面发展的社会主义建设者和接班人。加快建设高质量教育体系,发展素质教育,促进教育公平。

青年强,则国家强。当代中国青年生逢其时,施展才干的舞台无比广阔,实现梦想的前景无比光明。广大青年要坚定不移听党话、跟党走,怀抱梦想又脚踏实地,敢想敢为又善作善成,立志做有理想、敢担当、能吃苦、肯奋斗的新时代好青年,让青春在全面建设社会主义现代化国家的火热实践中绽放绚丽之花。

期待看到各位同学在"城市轨道交通电工技术"课程学习过程中有所收获!

祝学习愉快!

模块 1 直流电路

城市轨道交通系统所需要的电能取自城市电网系统。城市轨道交通供电系统将取自城市电网的电能进行变换、输送、配电,以适当的电压等级和一定的电流形式(直流或交流)给各个子系统的用电设备供电。城市轨道交通供电系统主变电所将电网交流高压(110kV 或者 220kV)变换为交流中压(10kV 或者 35kV),交流中压(10kV 或者 35kV)通过牵引供电系统降压、整流,变换为直流 750V 或者直流 1500V 电压,为城市轨道交通牵引系统供电;交流中压(10kV 或者 35kV)通过动力照明供电系统降压,变换为交流(220V 或 380V),为城市轨道交通其他子系统提供电源。

城市轨道交通供电系统包含直流电路和交流电路。模块 1(单元 1 和单元 2)主要学习直流电路的基础知识、分析方法等。

【本模块重点】

电路中主要物理量电流、电压、电势、功率的分析计算;基尔霍夫定律及应用;欧姆定律及应用;理想电源特点;电阻的串并联及等效;实际电源的等效变换;支路电流法;戴维南定理;叠加定理;电阻元件伏安特性曲线的绘制;电势、电压的测定。

【本模块难点】

电势、功率的计算;基尔霍夫定律及应用;电阻的串并联及等效;戴维南定理和叠加定理应用;支路电流法。

【建议学时】

24 学时

单元 1　电路基础

【知识目标】

1. 了解电路的基础知识,包括电路的概念、结构、种类和状态等。
2. 理解和掌握电路的主要物理量。
3. 掌握和应用电路基本定律。
4. 理解理想电路元件的概念及电路模型。

【技能目标】

1. 能够正确使用万用表测量电阻、电压。
2. 能够对测量数据进行分析与处理。

【素质目标】

1. 培养严谨求实的学习态度。
2. 培养安全、责任意识。
3. 塑造一丝不苟的工匠精神。

【翻转课堂】

课前,教师安排学习任务,学生分成学习小组,各小组课前充分学习讨论,预习本单元内容。课中,小组代表上台使用 PPT 讲解本单元重点内容。讲解内容包括:电路的组成、状态;电路的主要物理量;基尔霍夫定律;欧姆定律;理想电压源和电流源。教师评价、答疑,通过交流讨论,突破难点内容。课后,学生完成作业并预习下次课内容,教师检查作业,掌握学生学习情况,为下次备课做准备。

● 内容结构

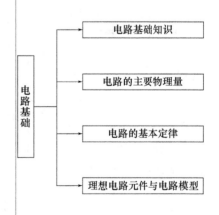

单元 1-1 电路基础知识

一、电路的概念

电路就是电流流经的路径。我们生活在一个电气化、信息化的时代,身边的电路随时随处可见。例如,一只普通的手电筒,如图 1-1-1 所示,由电池(电源)、灯泡、开关等实际元器件组成,开关闭合时,照明电路形成闭合回路,电流沿闭合电路流过,灯泡亮。

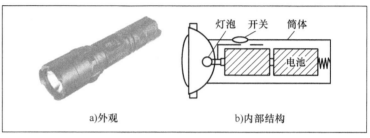

● 图 1-1-1 手电筒

构成电路的每一个实际元器件在通电工作时都会呈现多种物理特性,致使分析电路变得异常复杂。为了分析和计算电路方便,只保留电路中的每一个实际元器件呈现的多种物理特性最重要的特性,忽略其次要的特性,这样的实际元器件称为理想元器件。为了绘图和识图方便,又规定每个理想元器件用一个标准符号表示。由标准符号组成的原理电路图称为电路模型,如图 1-1-2 所示,图中是各元器件的电路符号,其中 U_S 表示电源、R_L 表示负载、K 表示开关。

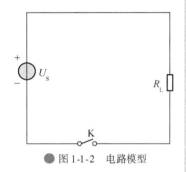

● 图 1-1-2 电路模型

二、电路基本结构

不同形式的电路的具体组成结构千差万别,但是归纳起来,完整的电路一般由三部分组成:电源、负载、中间环节,如图 1-1-3 所示。

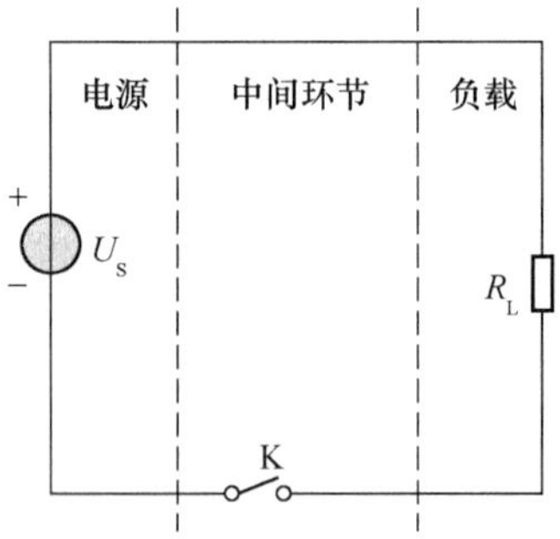

1. 电源

电源是电路中电流的源泉,可将其他形式的能量转化为电能,为电路提供能量。例如,手电筒照明电路中的电池。

2. 负载

负载是将电能转化成其他形式能量的用电设备。例如,手电筒照明电路中的灯泡,将消耗的电能转化为光能和热能。常见的用电电器还有风扇、荧光灯、空调、电视机、电脑等,这些用电器可统称为负载。

● 图 1-1-3 电路基本结构

3. 中间环节

中间环节是电源与负载之间的连接、传输、控制通道，负责电路中电流的传输、调节、控制等，一般不提供或消耗电能。例如，手电筒照明电路中的导线、开关等。

三、电路类型

按照不同的分类方式，电路可分为不同的类型，主要有以下几种。

1. 按照电路中的电流分类

按照电路中的电流不同，可分为直流电路和交流电路。直流电路中传输的是直流电流，其大小和方向不随时间改变；交流电路中传输的是交流电流，其大小和方向随时间变化。如图1-1-4所示。后续单元将要学习的交流电，其电压（电流）大小和方向随时间按照正弦规律变化，称为正弦交流电。

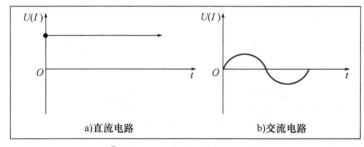

● 图1-1-4 直流电路与交流电路

2. 按照电路传输作用分类

按照电路传输作用不同，可分为电力电路和信号电路。电力电路传输的是电能，强调的是能量传输，传输的电压高、电流大。例如，国家电网。发电厂输出的交流电经变压器升压，然后高压传输，到达目的地后再经变压器降压并配电输送到用电负载。信号电路传输的是弱电信息，强调的是信息内容，其能量很小，传输电压低、电流小。例如，电视系统，电视台输出的是比较弱的电信号，代表文字、语音、图像等信息内容，经电缆传输并分配到千家万户的电视接收机，文字和图像信息在屏幕上显示，语音信息经扬声器发出声音，如图1-1-5所示。

3. 按照电路处理的信号分类

按照电路处理的信号不同，可分为模拟电路和数字电路。模拟电路传输和处理的信号是模拟信号，其特点是幅值随时间连续变化。数字电路传输和处理的是数字信号，其特点是幅值随时间变化是不连续的、离散的、突变的，如图1-1-6所示。

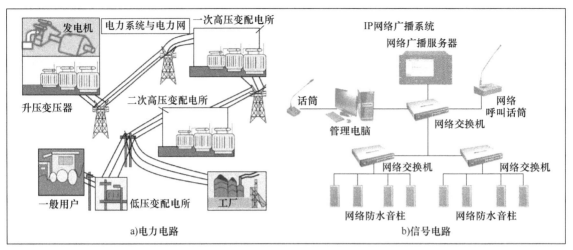

● 图 1-1-5 电力电路与信号电路

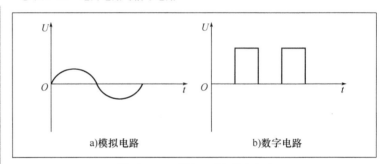

● 图 1-1-6 模拟电路与数字电路

4. 按照电路结构分类

按照电路结构不同,可分为简单电路和复杂电路。所谓简单电路和复杂电路并不是由电路元件的多少来衡量的。通过串、并联等效变换的方法最终能化简为一个回路,称为简单电路;另有一些电路不能化简为一个回路,称为复杂电路。

四、电路的状态

电路有三种不同的状态,即通路、断路、短路,如图 1-1-7 所示。

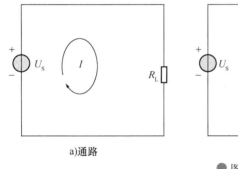

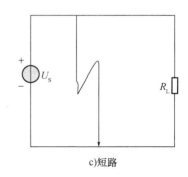

● 图 1-1-7 电路的状态

1. 通路

通路指由电源、负载、中间环节有效连接组成的闭合回路。电路中有电流正常流过,属于正常工作状态,也称为有载状态。

2. 断路

断路又称开路,指电源、负载、中间环节等未能有效连接,不能构成闭合回路,电路中没有电流。断路又分为不同的情况,包括开关断开导致的控制性断路、导线断开或者器件引脚松动导致的故障性断路。断路时,电路处于不工作状态,也属于正常状态。

3. 短路

短路指电路中负载两端直接接通,导致电流不流经负载;或者电源正极与负极直接接通导致电源短路。短路时,电路中的电流很大,会导致电源或者中间环节的器件损坏,甚至引发火灾,所以短路是故障状态,不允许短路。

单元 1-2　电路的主要物理量

本书主要内容之一就是分析和计算电路,具体地说,就是分析和计算电路的主要物理量。下面认识一下电路的几个主要物理量:电阻、电压、电流、电势、电动势、电功率等。其中,电阻将在单元 2 学习。

一、电压

在电场力作用下,单位正电荷从 A 点移动到 B 点,电场力所做的功称为 A、B 两点间的电压。

1. 电压的大小

设正电荷的电荷为 Q,电场力将此电荷从电场中 A 点经外电路移动到 B 点所做的功为 W_{AB},A、B 间的电压大小用 U_{AB} 表示,则有:$U_{AB} = W_{AB}/Q$,如图 1-2-1 所示。

电压 U 的国际单位是伏特(V),1 伏特 =1 焦耳/库仑,即 $1V = 1J/C$。为了更方便地计量高电压和微小电压,引入千伏(kV)、毫伏(mV)、微伏(μV)等计量单位,各单位之间的关系为

$$1kV = 1000V, 1V = 1000mV, 1mV = 1000\mu V$$

2. 电压的方向

在电场中,从高电势点指向低电势点的方向规定为电

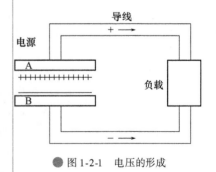

● 图 1-2-1　电压的形成

压的方向。分析电路时,不清楚电压的实际方向时,可以假定某电压的方向为电压的参考方向。分析、计算的结果,若电压值为正,则表示电压的实际方向与参考方向一致;若电压值为负,则表示电压的实际方向与参考方向相反,如图1-2-2所示。

a) U大于0　　　　　b) U小于0

图1-2-2　电压参考方向与实际方向

电压方向有3种表示方式,分别为极性表示法、箭头表示法、双下标表示法。极性表示法中,电压从正极性端(+)指向负极性端(-);箭头表示法中,箭头从高电势指向低电势;双下标表示法中,电压由第一个字符A指向第二个字符B,如图1-2-3所示。

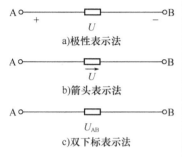

a) 极性表示法

b) 箭头表示法

c) 双下标表示法

图1-2-3　电压方向表示法

二、电流

在电场力作用下,带电粒子(电荷)有规则地集中运动,形成电流。就像大量水分子有规则地集中运动,形成水流。

1. 电流的大小

某电路中电流的大小等于单位时间内通过该电路某截面的电荷,即

$$I = \frac{Q}{T} \tag{1-2-1}$$

式中:T——时间,s;

Q——在时间T内通过电路截面的电荷,C;

I——电流大小,A,$1A = 1C/s$。

当电流较小时,还可以使用毫安(mA)、微安(μA)等单位,换算关系:$1A = 10^3 mA = 10^6 μA$。

2. 电流的方向

规定正电荷移动的方向(或负电荷移动的反方向)为电流的方向。有些电路可以很容易判定电流的方向,如图1-2-4a)所示;而有些电路,其电流的方向很难直接判定,如图1-2-4b)所示电阻R的电流方向。为此,我们可以先选定参考电流方向,参考电流方向是人为假定的。用选定的参考方向参与计算,若I为正值,表示电流实际方向与参考方向一致;若I为负值,则表示实际电流方向与参考电流方向相反,如图1-2-5所示。本书后续电路所示的电流方向均为参考方向。

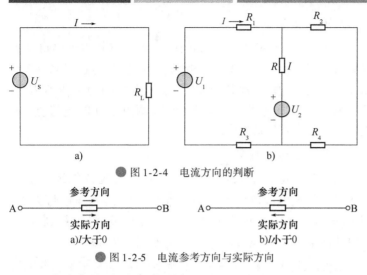

图 1-2-4　电流方向的判断

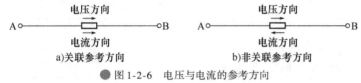

a) I 大于 0　　　　　　b) I 小于 0

图 1-2-5　电流参考方向与实际方向

3. 电压与电流的参考方向

原则上，电压与电流的参考方向可以任意选定。实际应用中，为了分析、计算方便，电压与电流的参考方向通常选取一致，即选取电流方向从高电势流向低电势，称为电压和电流关联参考方向，否则称为电压和电流非关联参考方向，如图 1-2-6 所示。

a) 关联参考方向　　　　　　b) 非关联参考方向

图 1-2-6　电压与电流的参考方向

三、电势

1. 电势的概念

在数学或物理学科中，我们描述或计量某点 M 的高度时，应先选定一个位置点 N 作为基准零点，也称为参考点，M 点的位置是相对参考点而言的。同理，在电场中描述或计量某点 M 的电场位置时也是先选定参考点 N，参考点的电势值为零，即 $V_N = 0V$，如图 1-2-7 所示。

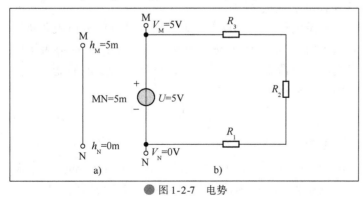

图 1-2-7　电势

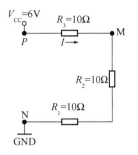

图 1-2-8 电势的确定

2. 电压与电势

如图 1-2-8 所示，M、N 之间的电压值等于 M 点电势与 N 点电势的差，即 $U_{MN} = V_M - V_N$。若选择点 N 为参考点，即 $V_N = 0V$，则 M 点的电势值 V_M 就等于 M 点与 N 点之间的电压值 U_{MN}。某点的电势与所选参考点有关，而某两点之间的电势差（电压）与所选参考点无关。

3. 某点电势的确定

若要确定电路中某点 M 的电势值 V_M，应首先选定参考点 N。一般选电源负极为电势参考点，则此参考点电势为零，即 $V_N = 0V$。M 点电势等于从参考点 N 出发，沿路径到 M 点时电压的累计增加量，即 $V_M = U_{MN}$，如图 1-2-8 所示。

交流讨论 1-2-1 如图 1-2-8 所示电路，求 M 点的电势 V_M。

解：(1) N 点接地，选择 N 点为参考点，则：

$$V_N = 0V$$

(2) 电路电流：

$$I = (U_{PN})/(R_1 + R_2 + R_3) = (V_{CC} - V_N)/(R_1 + R_2 + R_3)$$
$$= (6-0)/(10+10+10) = 0.2(A)$$

(3) 由 $U_{MN} = V_M - V_N$ 得：

$$V_M = V_N + U_{MN} = V_N + I(R_1 + R_2) = 0 + 0.2 \times (10+10)$$
$$= 4(V)$$

答：M 点的电势 V_M 为 4V。

四、电动势

1. 电动势的概念

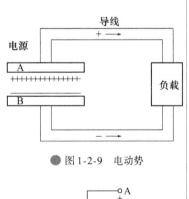

图 1-2-9 电动势

如图 1-2-9 所示电路中，电源的正电荷在电场力作用下，源源不断地从电源正极 A 经外电路和负载流向电源负极 B，在此过程中，正极 A 的正电荷不断减少，电源正、负极之间的电压降低，电路中电流减小。为了维持电源电压和电路中的电流，应由外力克服电场力做功，在电源内部将正电荷从电源负极 B 移动到正极 A。

在电源内部，电源力（非电场力）将单位正电荷由负极 B 移动到正极 A 所做的功，称为电源的电动势。电动势表示电源力通过对电荷做功将其他形式的能转化为电能的能力。

用公式表示为

$$E = \frac{dw}{dq} \tag{1-2-2}$$

2. 电动势的方向与单位

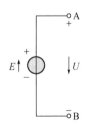

图 1-2-10 电动势的方向

电动势的方向规定为：由电源负极经电源内部指向电源正极。电动势的单位为伏特（V），如图 1-2-10 所示。

3. 电动势与电压

电源两端的开路电压在数值上等于电源电动势。电动势与电压单位一样,但电动势与电压也有区别:

(1)方向不同:电动势方向从低电势指向高电势,电压方向从高电势指向低电势。

(2)物理意义不同:电动势表示将其他形式的能转化为电能,电压则是将电能转化为其他形式的能。

(3)所处位置不同:电动势处在电源内部,电压处在电源外部电路。

五、电功率

1. 电功率的定义

单位时间内电路吸收或释放的电能,称为电功率,简称功率。电功率用 P 表示:

$$P = \frac{W}{t} = \frac{UIt}{t} = UI \tag{1-2-3}$$

式中:W——在时间 t 内消耗的电能,kW·h;

　　　t——时间,s;

　　　U——电压,V;

　　　I——电流大小,A。

式(1-2-3)表明电路消耗的功率等于电路电压和电流的乘积。

2. 功率的单位

功率的单位用瓦特(W)表示,也可采用千瓦(kW)、毫瓦(mW)等,它们之间的换算关系为

$$1\text{kW} = 10^3 \text{W} = 10^6 \text{mW}$$

3. 功率正负的含义

若 P 大于零,表示电路吸收(消耗)功率;若 P 小于零,表示电路释放(提供)功率。

单元 1-3 电路的基本定律

电路分析、计算的主要内容就是分析、计算电路的主要物理量——电压、电流、电阻以及它们之间的关系。

分析、计算电路时所应用的最基本定律是欧姆定律和基尔霍夫定律。欧姆定律在中学物理课程中已经学习,本节主要学习基尔霍夫定律。

基尔霍夫定律包含两部分内容:一是关于电路电流的定律,二是关于电路电压的定律。它们分别称为基尔霍夫电流定律(简称 KCL)和基尔霍夫电压定律(简称 KVL)。

学习基尔霍夫定律之前,先学习几个概念,简介如下。

节点:三条或三条以上支路的连接点称为节点。如图 1-3-1 所示节点 A 和节点 B。

支路:两个节点之间的电路路径。如图 1-3-1 所示,从 A 点到 B 点有 3 条支路,分别是:中间支路 AB、左侧支路 ADCB(经 D、C)、右侧支路 AFEB(经 F、E)。

回路:电路组成的闭合路径。图 1-3-1 所示的回路 ABCDA、回路 AFEBA、回路 AFEBCDA 均为闭合路径。

网孔:如果一个回路内部不含其他支路,则此回路称为网孔。图 1-3-1 中,有网孔 ABCDA、网孔 AFEBA。

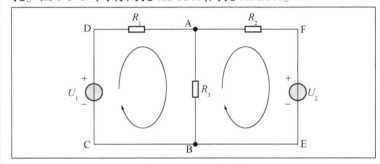

图 1-3-1 电路网络

一、基尔霍夫电流定律

定律内容:任一瞬间,对电路任一节点而言,流入电流之和等于流出电流之和。即

$$\sum I_{入} = \sum I_{出} \tag{1-3-1}$$

对电路的某一节点应用基尔霍夫电流定律时,应先选定此节点对应的各支路电流的参考方向。如图 1-3-2 所示,流入节点 A 的电流有 I_1 和 I_2,流出节点 A 的电流为 I_3,则 $I_1 + I_2 = I_3$。

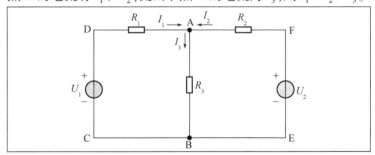

图 1-3-2 基尔霍夫电流定律示例

基尔霍夫电流定律反映的是电路任一节点所对应各支路电流之间的约束关系。对于任一节点,电荷既不会产生,也不

会消失,所以流出节点的电流等于流入节点的电流。

> **交流讨论 1-3-1** 如图 1-3-2 所示电路,已知 3 条支路电流的参考方向,其中 $I_1=1\text{A},I_3=3\text{A}$,求电流 I_2 的大小。
>
> **解**:对节点 A 应用基尔霍夫电流定律:
> $$I_1+I_2=I_3$$
> 得:
> $$I_2=I_3-I_1=3-1=2(\text{A})$$
> **答**:电流 $I_2=2\text{A}$。

基尔霍夫电流定律的扩展:基尔霍夫电流定律可以扩展到某封闭区域,即使封闭区域不是简单的一个节点,而是包含一个电路网络,这样的封闭区域称为广义节点。对于广义节点,基尔霍夫电流定律仍然适用。如图 1-3-3 所示,电路网络不是一个简单的节点,而是一个复杂的电路,仍然适用基尔霍夫电流定律,即
$$I_1+I_2=I_3$$

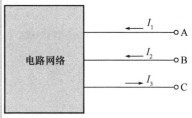

● 图 1-3-3 广义节点

> **交流讨论 1-3-2** 如图 1-3-3 所示电路,方框内网络是复杂的电路网络,有 3 条支路与外界电路连接,3 条支路电流分别为 I_1、I_2、I_3,已知 $I_2=3\text{A},I_3=1\text{A}$,求电流 I_1 的大小。
>
> **解**:将方框内电路网络看作广义节点,应用基尔霍夫电流定律:
> $$I_1+I_2=I_3$$
> 得:
> $$I_1=I_3-I_2=1-3=-2(\text{A})$$
> **注**:"-"表示 I_1 的实际方向是流出广义节点,与参考方向相反。
> **答**:电流 $I_1=-2\text{A}$。

二、基尔霍夫电压定律

定律内容:任一瞬间,对电路任一回路而言,沿回路一周所有支路(或器件)的电压升高之和等于电压降低之和,即

$$\sum U_\text{升} = \sum U_\text{降} \qquad (1\text{-}3\text{-}2)$$

对电路的某一回路应用基尔霍夫电压定律时,应先选定此回路对应的各支路元件电压的参考方向和回路环绕方向,回路环绕方向既可以顺时针也可以逆时针,一般选定顺时针。

基尔霍夫电压定律反映的是任一回路中各支路电压之间的约束关系。沿任一回路环绕一周,终点回到起点,终点

与起点之间的电势差为零,电压升高量与电压降低量相互抵消。

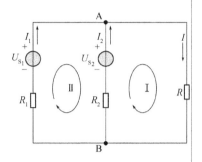

● 图 1-3-4 基尔霍夫电压定律示例

交流讨论 1-3-3 如图 1-3-4 所示电路,选定回路Ⅰ和回路Ⅱ的环绕方向为顺时针方向,并选定各支路电压方向和电流方向,试用基尔霍夫电压定律列出 2 个回路的回路方程。

解:(1)对回路Ⅰ应用基尔霍夫电压定律:
$$U_{S_2} = I \times R + I_2 \times R_2$$

(2)对回路Ⅱ应用基尔霍夫电压定律:
$$U_{S_1} + I_2 \times R_2 = U_{S_2} + I_1 \times R_1$$

基尔霍夫电压定律的扩展:基尔霍夫电压定律可扩展到某虚拟回路。如图 1-3-5 所示,回路Ⅰ中某支路在 M、N 处是断开的,可将不闭合的回路看作一个虚拟的回路,称为广义回路。对于广义回路,基尔霍夫电压定律仍然适用。

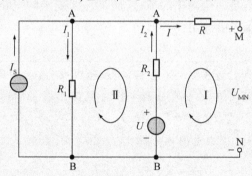

● 图 1-3-5 广义回路

交流讨论 1-3-4:如图 1-3-5 所示,广义回路Ⅰ在 M、N 处开路,M、N 之间的电压用 U_{MN} 表示,并选定了支路电压的方向和回路环绕的方向,试应用基尔霍夫电压定律写出广义回路Ⅰ的回路方程。

解:将回路Ⅰ看作广义回路,可以应用基尔霍夫电压定律写回路方程:
$$U = I \times R + U_{MN} + I_2 \times R_2$$

单元 1-4 ▶ 理想电路元件与电路模型

在电路中,常用的电路元件有电阻、电感、电容、电压源、电流源。这些电路元件包含多种特性,如电感元件除主要具备电感性质之外,还具备一定的电阻特性等。为了方便学习,我们引用"理想电路元件"的概念。"理想电路元件"即只考虑电路元件的主要特性、忽略其次要特性,是对实际电路元件的抽象化,如图 1-4-1 所示。例如,理想电感元件只具有纯电感值,没有其他的电磁特性。由理想电路元件组成的电路称为电路模型,由两个电源 U_1、U_2 和三个电阻 R_1、R_2、R_3 组成的电路模型如图 1-4-2 所示。

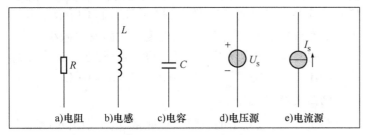

● 图 1-4-1 理想电路元件

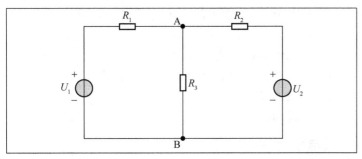

● 图 1-4-2 电路模型

本课程后面学习中所用到的电路元件和电路,均默认为理想电路元件和电路模型。

一、电阻元件

电阻元件是最常用的电路元件,简称电阻。电阻既代表理想电阻元件又表示电阻参数值。

1. 电阻类型

按电阻材料分类,有碳膜电阻、金属膜电阻、线绕电阻等。按阻值特性分类,有固定值电阻、可变值电阻、敏感电阻等。敏感电阻又包含热敏电阻、压敏电阻、光敏电阻等。常用的电气设备中,电烙铁、白炽灯、电炉等可看作电阻元件。图 1-4-3 所示为常见电阻符号。

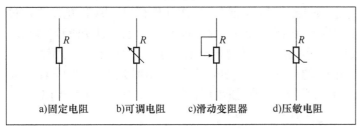

● 图 1-4-3 常见电阻符号

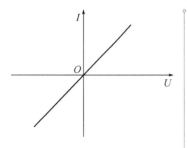

图1-4-4 电阻伏安特性

2. 电阻特性

在电路中,电阻有阻碍电流的特性,设置适当的电阻元件可以起到限流、分压、隔离等作用,以保障电路正常工作。

阻值的大小由电阻材料的电阻率、长度、截面积等三个因素决定。电阻一旦定型,其阻值就是固定的,称为线性电阻。其伏安特性是一条通过原点的直线,如图1-4-4所示。实际电阻阻值受温度影响,阻值大小随温度变化而发生微小变化。

电阻的国际单位是欧姆(Ω),除了欧姆之外,还有千欧($k\Omega$)和兆欧($M\Omega$),单位换算关系为$1M\Omega = 10^3 k\Omega = 10^6 \Omega$。

3. 电阻是耗能元件

电路工作时,电路中的电阻消耗能量,电阻中流过电流产生热效应,将电能转化为热能散发。电阻消耗的能量Q与流过电阻的电流、电阻本身阻值、时间等因素有关,即

$$Q = I^2 Rt$$

式中:Q——电阻消耗的能量,J;

I——流过电阻的电流,A;

R——阻值,Ω;

t——时间,s。

二、电感元件

电感元件也是电路中的常用元件,简称电感,用L表示。我们常说的电感,既代表理想电感元件,又代表电感的参数值。

1. 电感类型

常见电感类型有空心电感、有心电感、可调电感等。其符号如图1-4-5所示。

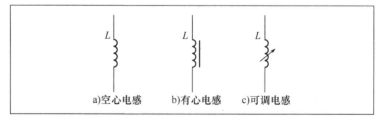

图1-4-5 常见电感符号

2. 电感特性

电感中通过直流电流时,电感元件相当于短路;电感中通过交流电流时,电感对交流电流呈现阻碍作用,并且交流频率越高,呈现阻碍作用越大,故电感具有"通直流、阻交流"的特性。

电感的单位为亨(H),实际应用时还有毫亨(mH)、微亨(μH)等单位。单位之间换算关系为$1H = 10^3 mH = 10^6 \mu H$。

3. 电感是储能元件

电感中的电流变化时,会在电感线圈内部和周围建立磁

场,通过电磁感应实现电能与磁能之间的相互转换。电路中的电能可以转化为磁能储存在电感中;反过来,储存在电感中的磁能也可以转化为电能释放出来供给电路,转化过程中不消耗能量。所以电感可以储存、释放能量,不消耗能量,电感是储能元件。

三、电容元件

电容元件是电路中的常用元件,简称电容,用 C 表示。我们常说的电容既代表理想电容元件,又代表电容的参数值。

1. 电容类型

电容有不同分类形式。按介质分,主要有陶瓷电容、涤纶电容、电解电容、云母电容等;按结构分,主要有固定电容、可调电容、极性电容等,如图 1-4-6 所示。

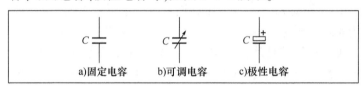

● 图 1-4-6 常见电容符号

2. 电容特性

实际电容一般由两块相互靠近的金属板构成,两块金属板之间可填充不同介质。理想电容元件是对实际电容元件的抽象化、理想化,只考虑电容主要性质,忽略其次要性质。在直流电路中,电容相当于开路;在交流电路中,电流可以通过电容,交流频率越高,电容对电流的阻碍作用越小,故电容具有"隔直流、通交流"的特性。

国际单位制中,电容的单位是法拉(F),法拉单位很大,实际应用中一般采用微法(μF)或皮法(pF)。单位之间换算关系为 $1F = 10^6 \mu F = 10^{12} pF$。

3. 电容是储能元件

电容值的定义式:

$$C = \frac{Q}{U} \tag{1-4-1}$$

式中:Q——电容极板上所充的电荷,C;
U——电容两端所加电压,V;
C——电容值,F。

电容两金属板分别接电源正极、负极,在电源电压作用下,正、负电荷分别流入两块金属板,形成电场并储存电场能。电源电压升高时,电荷继续注入电容,电容继续储存电能,电容充电。电源电压降低时,电容储存的电场能释放给电路,电容放电。电容只是储存电能或释放电能,理想电容器不消耗能量,故电容器是储能元件。

四、理想电压源

实际电压源工作时,电流流过电压源内部会受到阻碍作用。此阻碍作用可等效为实际电压源的内阻,用 R_0 表示。电流流经 R_0 时产生电压降,则电压源输出电压将降低。其关系式为

$$U_O = U_S - IR_0 \qquad (1\text{-}4\text{-}2)$$

式中:U_O——电压源输出电压,V;

U_S——电源电动势,V;

I——电源输出电流,A;

R_0——电源等效内阻,Ω。

从式(1-4-2)可看出,电压源输出电流越大,电压源的输出电压就会降低越多,导致电压源输出电压不恒定。图1-4-7所示为实际电压源。

理想电压源是从实际电压源抽象出来的理想化模型。理想电压源内阻 R_0 为零,电压源内部不产生压降,则输出电压恒等于电动势,即 $U_O = U_S$。真正的理想电压源是不存在的,如果一个实际电压源的内阻 R_0 远远小于电路负载电阻,我们就可以将此实际电压源等效为理想电压源。电压源的内阻越小,输出电压越稳定。图1-4-8所示为理想电压源。

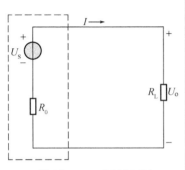

● 图1-4-7 实际电压源

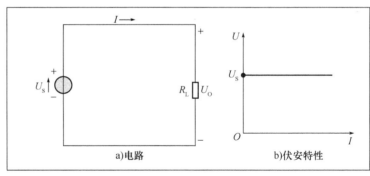

● 图1-4-8 理想电压源

五、理想电流源

理想电流源是实际电流源抽象出来的理想化模型,其内阻 R_0 为无穷大,输出电流恒定,即 $I_O = I_S$。如果实际电流源的内阻远大于负载阻值,可看作理想电流源,电流源内阻 R_0 越大,输出电流越稳定。图1-4-9所示为理想电流源。

一般电路中,电源是提供输出电能,但有些情况下,电源也可能吸取电能,这时的电源相当于负载。例如,可作为充电电池,可作为电源输出电能,充电时吸取电能,相当于负载。

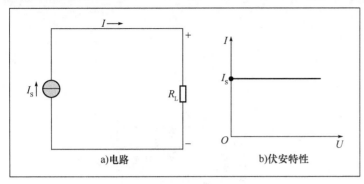

● 图 1-4-9 理想电流源

实验 1 电路元件伏安特性曲线的测绘

请同学们完成实验 1 电路元件伏安特性曲线的测绘,见教材实验实训手册。

实验 2 电势、电压的测定

请同学们完成实验 2 电势、电压的测定,见教材实验实训手册。

实验 3 基尔霍夫定律的验证

请同学们完成实验 3 基尔霍夫定律的验证,见教材实验实训手册。

单元知识网络

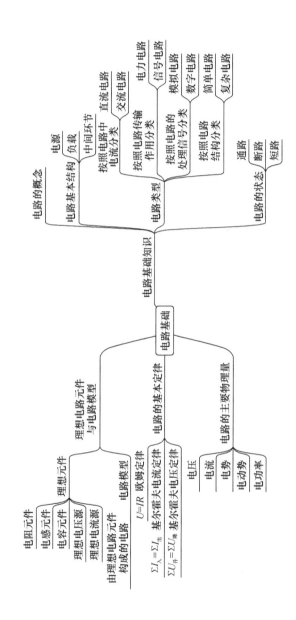

考证训练

班级：_____ 姓名：_____ 学号：_____ 成绩：_____

一、判断题（每题1分，计10分）

1. 电流的大小用电流表来测量，测量时将其并联在电路中。（　）
2. 电流表的内阻越大越好。（　）
3. 电路是为了某种需要，将电气设备和电子元件按照一定方式连接起来的电子通路。（　）
4. 符号"A"表示交流电源。（　）
5. 欧姆定律指出，在一个闭合电路中，当导体温度不变时，通过导体的电流与加在导体两端的电压成反比，与其电阻成正比。（　）
6. 并联电路停电后，必须断开电容器组。（　）
7. 串联电容器有减少电压损失的作用。（　）
8. 电气原理图中的所有元件均按未通电状态或无外力作用时的状态画出。（　）
9. 在串联电路中，电流处处相等。（　）
10. 在串联电路中，电路总电压等于各电阻的分电压之和。（　）

二、单选题（每题2分，计54分）

1. 电动势的方向是（　）。
   A. 从负极指向正极
   B. 从正极指向负极

C. 与电压方向相同

2. 电流强度定义为( )。
   A. 单位时间内通过导体截面的电量
   B. 电压与电阻的乘积
   C. 单位时间内通过导体的电量
   D. 通过导体的总电量

3. 电流通过导体时,由于( )存在而发热。
   A. 电阻   B. 电流   C. 电压   D. 功率

4. 电路处于( )状态时,有工作电流流过。
   A. 通路   B. 开路   C. 短路   D. 断路

5. 电容量的单位是( )。
   A. 法拉   B. 乏   C. 安

6. 电容器具有( )作用。
   A. 通交流、阻直流   B. 通直流、阻交流
   C. 交、直流都可通过   D. 交、直流都不可通过

7. 负载中电压的实际方向与电流方向( )。
   A. 一致   B. 相反
   C. 相同或相反   D. 相对应

8. 计算简单直流电路的依据是( )和电阻串并联的规律。
   A. 欧姆定律   B. 楞次定律
   C. 安培定则   D. 左手定则

9. 欧姆定律的表达式为( )。
   A. $I = U/R$ B. $U = I/R$
   C. $I = R/U$ D. $R = I/U$

10. 全电路的欧姆定律指出,( )的大小与电源的电动势成正比,而与电源内部电阻和负载电阻之和成反比。
    A. 电流   B. 电荷   C. 电子   D. 电压

11. 外力将单位正电荷( ),称为该电源的电动势。
    A. 从电源负极经电源内部移到正极所做的功
    B. 从电源负极经电源内部移到正极的过程
    C. 从电源正极经电源内部移到负极所做的功
    D. 从电源正极经电源内部移到负极的过程

12. 线圈的电感与下面哪个量无关?( )
    A. 电阻   B. 匝数
    C. 几何形状   D. 媒介质的磁导率

13. 直流电路导线颜色的规定中,直流电路的正极一般选用( )。
    A. 棕色   B. 蓝色
    C. 浅蓝色   D. 褐色

14. 电路就是(　　)经过的路径。
    A. 电荷　　B. 电流　　C. 电子　　D. 离子
15. 电势,也称电位,是衡量(　　)在电路中某点所具有能量的物理量。
    A. 电源　　B. 电荷　　C. 电子　　D. 电流
16. 电压的方向,规定为由(　　),即为电压降压的方向。
    A. 低电势端指向高电势端
    B. 高电势端指向低电势端
    C. 高电压端指向低电压端
    D. 低电压端指向高电压端
17. 碳在自然界中有金刚石和石墨两种存在形式,其中石墨是(　　)。
    A. 绝缘体　　B. 导体　　C. 半导体
18. 电动势和电压的单位虽(　　),但二者概念(　　)。
    A. 不同、有区别　　　B. 不同、无区别
    C. 相同、有区别　　　D. 相同、无区别
19. 电动势只存在于(　　)。
    A. 电路中　　　　B. 外电路中
    C. 电源内部　　　D. 负载中
20. 电感的单位是(　　)。
    A. 韦伯　　B. 特斯拉　　C. 亨利
21. 电容器可用万用表(　　)挡进行检查。
    A. 电压　　B. 电流　　C. 电阻
22. 电容器属于(　　)设备。
    A. 危险　　B. 运动　　C. 静止
23. 在国际单位制中,电压的单位是(　　)。
    A. 微伏　　B. 毫伏　　C. 伏特　　D. 千伏
24. 在通路状态下,根据负荷的大小,分为(　　)情况。
    A. 满负荷、过负荷两种
    B. 满负荷、轻负荷两种
    C. 满负荷、轻负荷、过负荷三种
    D. 满负荷、轻负荷、过负荷、无负荷四种
25. 纯电感电路中,线圈两端加直流电压,可认为电路处于(　　)状态。
    A. 通路　　B. 断路　　C. 开路　　D. 短路
26. 电功率表示的是(　　)。
    A. 电场力做功的多少

B. 单位时间内非电场力做功的多少
C. 非电场力做功的多少
D. 单位时间内电场力做功的多少

27. 电功率的单位是（　　）。
   A. 安培　　B. 伏特　　C. 欧姆　　D. 瓦特

三、计算题（每题12分，计36分）

1. 两只白炽灯，额定值分别为"220V，40W" "220V，100W"，如果串联接在220V电源上，两只白炽灯实际消耗的功率分别是多少？

2. 用基尔霍夫电流定律求图题1中各支路的未知量。

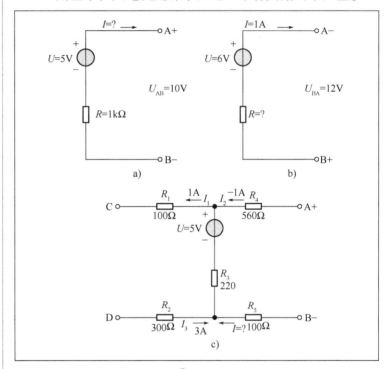

● 图题1

3. 某负载两端直接连接在理想电压源正、负极两端，理想电压源电压 $U_S = 12V$，求理想电压源在下述各条件下的输出电流 I 和输出功率 P。

（1）负载开路；
（2）负载电阻 $R = 100\Omega$；
（3）负载短路。

单元2　电路分析方法

【知识目标】
1. 掌握电阻串、并联的特性及等效变换。
2. 掌握理想电源与实际电源的概念以及等效变换。
3. 掌握支路电流法的求解规律。
4. 掌握叠加定理和戴维南定理的应用方法。

【技能目标】
1. 能够正确连接、分析具体实验电路。
2. 能够正确处理实验数据。

【素质目标】
1. 培养严谨求实的学习态度。
2. 培养团结协作精神。

【翻转课堂】
　　课前,教师安排学习任务,学生分成学习小组,各小组课前充分学习讨论,预习本单元内容。课中,小组代表上台使用PPT讲解本单元重点内容。讲解内容包括:电阻电路等效变换法、电源等效变换法、支路电流法、戴维南定理、叠加定理。教师评价、答疑,通过交流讨论,突破难点内容。课后,学生完成作业并预习下次课内容,教师检查作业,掌握学生学习情况,为下次备课做准备。

● 内容结构

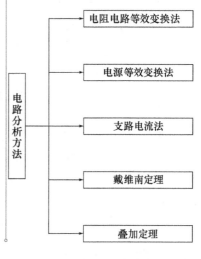

单元 2-1
电阻电路等效变换法

一、电阻串联电路

1. 电阻串联的定义

两个及两个以上的电阻,首、尾依次相连,这样的连接方式称为电阻串联,如图 2-1-1a)所示。两个串联电阻 R_1、R_2 可以用一个电阻 R 等效代替,$R = R_1 + R_2$,如图 2-1-1b)所示。

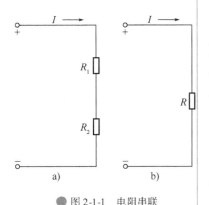

● 图 2-1-1 电阻串联

2. 电阻串联的特性

电阻串联的特性如下:

(1) 串联电阻的总阻值等于串联各阻值之和,即 $R = R_1 + R_2$。

(2) 串联电阻总电流等于串联电路中各电阻的电流,串联电阻电路中电流处处相等,即 $I = I_1 = I_2$。I_1、I_2 分别是流过电阻 R_1、R_2 的电流。

(3) 串联电阻的总电压等于串联各电阻电压之和。

二、电阻并联电路

1. 电阻并联的定义

两个及两个以上的电阻,首与首、尾与尾相连,这样的连接方式称为电阻并联,如图 2-1-2a)所示。两个并联电阻 R_1、R_2 可以用一个电阻 R 等效代替,即 $R = R_1 // R_2$,如图 2-1-2b)所示。

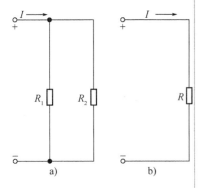

● 图 2-1-2 电阻并联

2. 电阻并联的特性

电阻并联的特性如下:

(1) 并联电阻的总阻值倒数等于并联各阻值倒数之和,即 $\frac{1}{R} = \frac{1}{R_1} + \frac{1}{R_2}$。

(2) 并联电阻总电流 I 等于并联电路中各电阻的电流之和,即 $I = I_1 + I_2$。I_1、I_2 分别是流过电阻 R_1、R_2 的电流。

(3) 并联电阻的总电压等于并联各电阻的电压,即 $U_总 = U_1 = U_2$。

三、电阻电路等效变换

对于电阻串、并联构成的电路,为了分析电路方便,按照电阻串、并联的特性,将结构复杂的电路变换为结构简单的电路,而且变换前后电路的电气效果相同,这样的变换称为电阻电路等效变换。

交流讨论 2-1-1 电路如图 2-1-3a)所示,已知 $U=6V, R_1=100\Omega, R_2=200\Omega$,求电路中的电流 I。

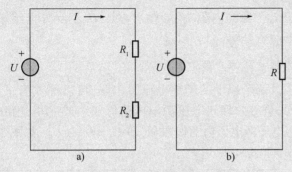

● 图 2-1-3 电阻串联等效电路

解:(1)根据电阻串联特征,原电路图变换为图 2-1-3b)所示电路:

$$R = R_1 + R_2 = 100 + 200 = 300(\Omega)$$

(2)如图 2-1-3b)所示,应用欧姆定律:

$$I = \frac{U}{R} = \frac{6}{300} = 0.02(A) = 20(mA)$$

答:电路中电流 $I = 20mA$。

交流讨论 2-1-2 如图 2-1-4 所示,多个电阻串、并联构成的混联电路,已知 $U=12V, R_1=200\Omega, R_2=200\Omega, R_3=100\Omega$,求电路中电流 I。

解:(1)电阻 R_1、R_2 等效为电阻 R_{12},如图 2-1-5 所示:

$$R_{12} = \frac{R_1 \times R_2}{R_1 + R_2} = \frac{200 \times 200}{200 + 200} = 100(\Omega)$$

(2)电阻 R_{12} 和 R_3 等效变换为电阻 R,如图 2-1-6 所示:

$$R = R_{12} + R_3 = 100 + 100 = 200(\Omega)$$

(3)应用欧姆定律得:

$$I = \frac{U}{R} = \frac{12}{200} = 0.06(A) = 60(mA)$$

答:电路中电流 $I = 60mA$。

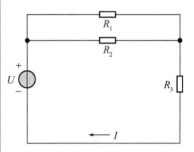

● 图 2-1-4 电阻混联

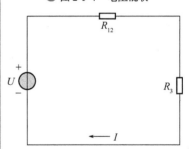

● 图 2-1-5 电阻混联等效电路

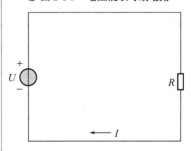

● 图 2-1-6 电阻混联变换电路

模块1 直流电路

单元 2-2
电源等效变换法

一、理想电压源串、并联等效变换

理想电压源的内阻为零,输出电压 U_O 不受外电路影响,恒等于电源电动势,即 $U_O = E$。

1. 理想电压源串联

两个及两个以上的理想电压源串联,可以等效为一个理想电压源,且等效理想电压源电压值等于组成串联电路的每一个理想电压源电压值的代数和,即 $U_S = U_{S_1} + U_{S_2}$,如图 2-2-1 所示。

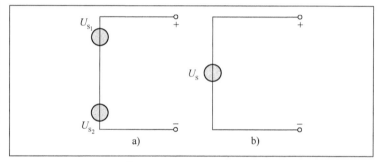

图 2-2-1　电压源串联等效

2. 理想电压源并联

两个及两个以上相同的理想电压源并联,可以等效为一个理想电压源,且等效理想电压源电压值等于组成并联电路的每个理想电压源的电压值,即 $U_S = U_{S_1} = U_{S_2}$,如图 2-2-2 所示。

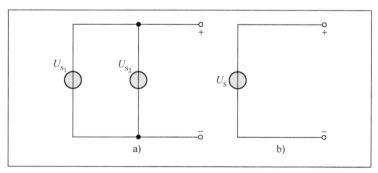

图 2-2-2　电压源并联等效

理想电压源输出电压恒定,与理想电压源是否并联其他支路无关,所以为了分析方便,可将理想电压源的并联支路 N 移除(开路),不影响电路分析结果,如图 2-2-3 所示,图 2-2-3a)可以等效为图 2-2-3b)。

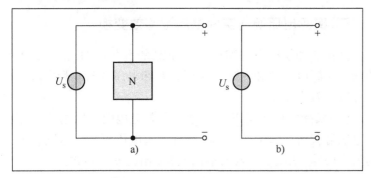

● 图 2-2-3　理想电压源并联支路

二、理想电流源串、并联等效变换

理想电流源的内阻无穷大，输出电流 I_0 恒定，即 $I_0 = I_S$；不受外电路影响。

1. 理想电流源串联

两个及两个以上相同的理想电流源串联，可以等效为一个理想电流源，且等效理想电流源的电流值等于组成串联电路的每一个理想电流源的电流值，即 $I_S = I_{S_1} = I_{S_2}$，如图 2-2-4 所示，图 2-2-4a) 可以等效为图 2-2-4b)。

2. 理想电流源并联

两个及两个以上的理想电流源并联，等效为一个理想电流源，且等效理想电流源的电流值等于组成并联电路的每一个理想电流源的电流值之和，即 $I_S = I_{S_1} + I_{S_2}$，如图 2-2-5 所示，图 2-2-5a) 可以等效为图 2-2-5b)。

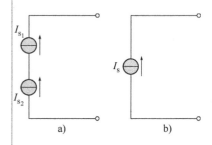

● 图 2-2-4　电流源串联等效

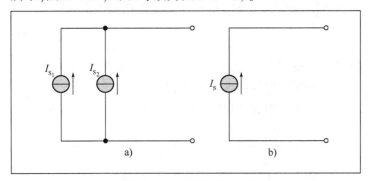

● 图 2-2-5　电流源并联等效

3. 理想电流源特性

理想电流源输出电流值恒定，与理想电流源是否串联其他支路无关，所以为了分析方便，可将理想电流源的串联支路 N 短路，电路分析结果不变，如图 2-2-6 所示，图 2-2-6a) 可以等效为图 2-2-6b)。

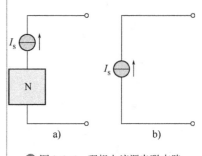

● 图 2-2-6　理想电流源串联支路

三、实际电压源与实际电流源等效变换

真正的理想电压源和理想电流源是不存在的,我们遇到的都是实际电压源和实际电流源。实际电压源与实际电流源也可以等效变换。

(1)实际电压源可以用理想电压源与内阻串联组成的等效电压源代替,如图2-2-7a)所示;等效电压源与外电路组成的闭合回路,如图2-2-7b)所示。其输出伏安关系式:

$$U = U_\mathrm{S} - I \times R_0 \quad (2\text{-}2\text{-}1)$$

式中:U——输出端电压,V;

I——实际电流源输出电流,A;

U_S——理想电压源电压,V;

R_0——等效内阻,Ω。

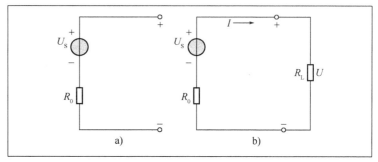

● 图2-2-7 实际电压源用理想电压源 U_S 和内阻 R_0 代替

(2)实际电流源可以用理想电流源与内阻并联组成的等效电流源代替,如图2-2-8a)所示;等效电流源与外电路组成的闭合回路,如图2-2-8b)所示。其输出伏安关系式:

$$I = I_\mathrm{S} - \frac{U}{R_0} \quad (2\text{-}2\text{-}2)$$

式中:U——输出端电压,V;

I——实际电流源输出电流,A;

I_S——理想电流源电流,A;

R_0——等效内阻,Ω。

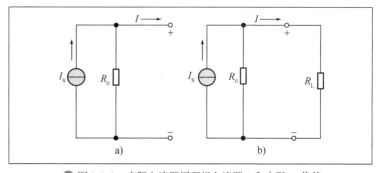

● 图2-2-8 实际电流源用理想电流源 I_S 和内阻 R_0 代替

（3）实际电压源与实际电流源等效变换。

实际电压源可以等效变换为实际电流源，实际电流源也可以等效变换为实际电压源。等效变换的条件是二者输出端的伏安关系一致，也就是式(2-2-1)和式(2-2-2)必须恒等，即

$$I_S = \frac{U_S}{R_0}; R_0 = R_0$$

有了上面的等效互换条件，图 2-2-9a)所示的实际电压源就可以和图 2-2-9b)所示的实际电流源互换了。

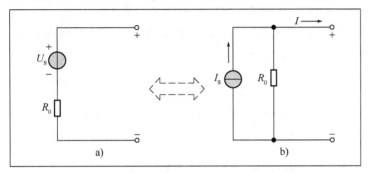

● 图 2-2-9 实际电压源与实际电流源等效变换

交流讨论 2-2-1 如图 2-2-10 所示，某电路采用双电源供电，其中第一路电源电压正常，$U_1 = U_{S_1} = 48V$、内阻 $R_1 = 20\Omega$，第二路电源因老化，其电压 $U_2 = U_{S_2} = 40V$、内阻 $R_2 = 20\Omega$，负载电阻 $R = 10\Omega$，求负载电流 I。

解：(1) 原图中实际电压源等效变换为实际电流源，如图 2-2-11 所示，其中：

$$I_{S_1} = \frac{U_{S_1}}{R_1} = \frac{48}{20} = 2.4(A)$$

$$I_{S_2} = \frac{U_{S_2}}{R_2} = \frac{40}{20} = 2.0(A)$$

(2) 将两个理想电流源 I_{S_1}、I_{S_2} 等效变换为一个理想电流源，将两个等效内阻 R_1、R_2 等效变换为一个电阻，可得实际电流源电路，如图 2-2-12 所示，其中：

$$I_S = I_{S_1} + I_{S_2} = 2.4 + 2.0 = 4.4(A)$$

$$R_0 = \frac{R_1 \times R_2}{R_1 + R_2} = \frac{20 \times 20}{20 + 20} = 10(\Omega)$$

(3) 如图 2-2-12 所示，由分流公式得：

$$I = \frac{R_0}{R + R_0} \times I_S = \frac{10}{10 + 10} \times 4.4 = 2.2(A)$$

答：负载电流 $I = 2.2A$。

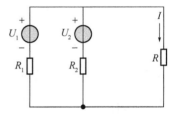

● 图 2-2-10 交流讨论 2-2-1 电路

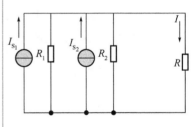

● 图 2-2-11 等效实际电流源电路

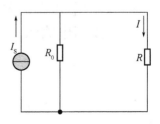

● 图 2-2-12 实际电流源电路

交流讨论 2-2-2 如图 2-2-13 所示，$I_{S_1}=1A$，$U_1=6V$，$R_1=R_2=3\Omega$，负载电阻 $R_L=100\Omega$，求负载电流 I。

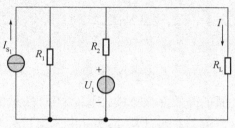

图 2-2-13 交流讨论 2-2-2 电路

解：(1) 将原图中实际电压源支路等效变换为实际电流源，如图 2-2-14 所示。

$$I_{S_2}=\frac{U_1}{R_2}=\frac{6}{3}=2(A)$$

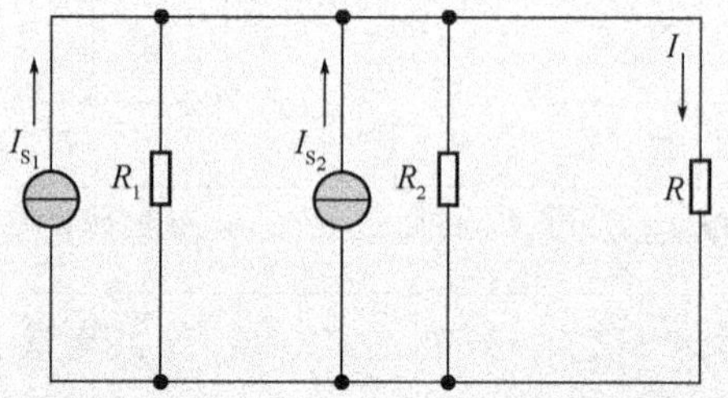

图 2-2-14 等效实际电流源电路

(2) 将图 2-2-14 中两路电流源等效变换为一路电流源，R_1、R_2 等效变换为一个电阻，如图 2-2-15 所示，其中：

$$I_S=I_{S_1}+I_{S_2}=1+2=3(A)$$

$$R_0=\frac{R_1\times R_2}{R_1+R_2}=\frac{3\times 3}{3+3}=1.5(\Omega)$$

(3) 如图 2-2-15 所示，由分流公式得：

$$I=\frac{R_0}{R+R_L}\times I_S=\frac{1.5}{1.5+100}\times 3=0.044(A)=44(mA)$$

答：负载电流 $I=44mA$。

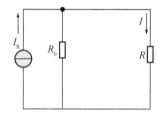

图 2-2-15 实际电流源电路

单元 2-3 支路电流法

支路电流法是以欧姆定律和基尔霍夫定律为基础演化出来的一种电路分析方法，尤其是在分析复杂电路时，该方法方便、简捷，是最常用的电路分析方法。

支路电流法的特性是：以电路中各支路的电流作为待求

未知量,根据欧姆定律和基尔霍夫定律列出节点方程和回路方程,然后组成方程组,求解各支路电流。

支路电流法思路比较简单,容易理解、掌握,故应用广泛,但是如果支路数较多,则待求电流未知量多,所列的方程式多,求解方程组会很烦琐。

交流讨论 2-3-1 已知 $U_{S_1}=48V$;$U_{S_2}=40V$;$R_1=R_2=20\Omega$;$R=10\Omega$。请用支路电流法重新求解图 2-3-1 所示电路的各支路电流 I、I_1、I_2。

解:在电路图中标出节点 A、B,回路Ⅰ和Ⅱ绕向方向,如图 2-3-1 所示。

(1)对于节点 A,应用基尔霍夫电流定律得:
$$I=I_1+I_2$$

(2)对于回路Ⅰ和回路Ⅱ,分别应用基尔霍夫电压定律得:
$$U_{S_2}=I_2R_2+IR$$
$$U_{S_1}+I_2R_2=U_{S_2}+I_1R_1$$

(3)上述等式联立方程组,并代入数据:
$$\begin{cases} I=I_1+I_2 \\ 40=20I_2+10I \\ 48+20I_2=40+20I_1 \end{cases}$$

(4)解得:$I=2.2(A)$,$I_1=1.3(A)$,$I_2=0.9(A)$

答:$I=2.2A$,$I_1=1.3A$,$I_2=0.9A$。

交流讨论 2-3-2 如图 2-3-2 所示,$I_S=1A$,$U=6V$,$R_1=R_2=3\Omega$,$R=100\Omega$。用支路电流法求各支路电流 I、I_1、I_2。

解:在电路图中标出节点 A、B,回路Ⅰ和Ⅱ绕向方向,如图 2-3-2 所示。

(1)对于节点 A,应用基尔霍夫电流定律:
$$I_S+I_2=I_1+I$$

(2)对于回路Ⅰ、Ⅱ,应用基尔霍夫电压定律:
$$U=IR+I_2R_2$$
$$I_2R_2+I_1R_1=U$$

(3)上述等式联立方程组,并代入数据:
$$\begin{cases} 1+I_2=I_1+I \\ 6=100I+3I_2 \\ 3I_2+3I_1=6 \end{cases}$$

(4)解得:$I=0.044(A)$,$I_1=1.467(A)$,$I_2=0.533(A)$

答:$I=0.044A$,$I_1=1.467A$,$I_2=0.533A$。

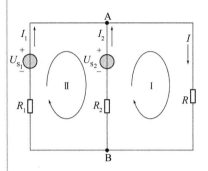

图 2-3-1 交流讨论 2-3-1 电路

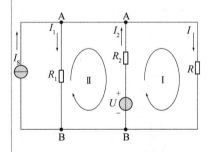

图 2-3-2 交流讨论 2-3-2 电路

单元 2-4 戴维南定理

前面学习的支路电流法可以同时计算出各支路电流值,但是若支路数较多,对应列出的方程式也多,求解方程组烦琐。另外,如果只要求分析、计算电路中某一支路电流值,而应用支路电流法同时求解出所有支路电流值,则会导致一些不必要的计算,故本单元引入戴维南定理。

学习戴维南定理之前,先学习几个有关概念。

(1) 网络:任何电路或电路某一部分,都可简单地用一个框图表示,称为网络。图 2-4-1 所示为网络 N。

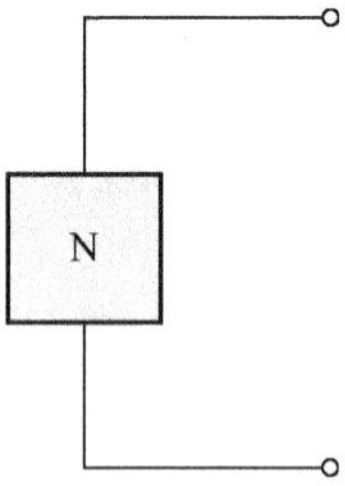

(2) 二端网络:一个网络与外电路只有两个连接端,这样的网络称为二端网络,也称单口网络,如图 2-4-1 所示。如果一个二端网络内部不含电源(电压源或电流源),称为无源二端网络,含有电源的则称为有源二端网络。

(3) 等效网络:设有两个二端网络,即 N_1 和 N_2,如果这两个网络的端口伏安特性相同,则这两个二端网络称为等效网络。图 2-4-2 所示网络 N_1 与图 2-4-3 所示网络 N_2 是等效网络,则 N_1 和 N_2 对外电路的作用等效。

● 图 2-4-1 网络

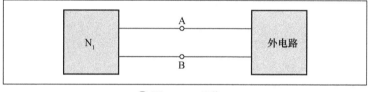

● 图 2-4-2 网络 N_1

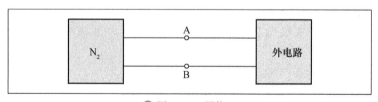

● 图 2-4-3 网络 N_2

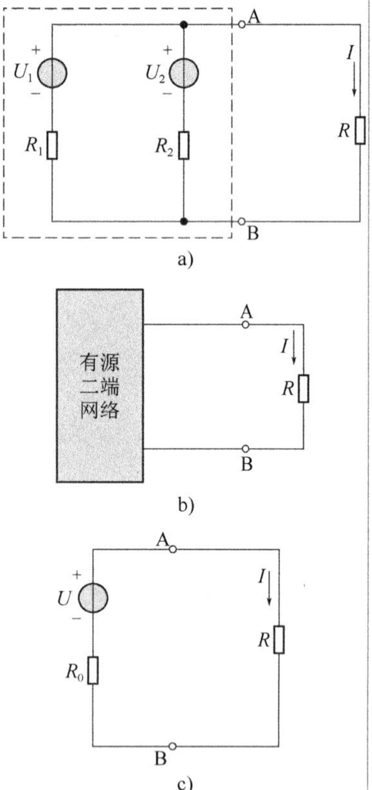

戴维南定理的思路:

如图 2-4-4a) 所示,如果仅仅求解 R 所在支路的电流 I,可以将 R 所在支路单独画出,见图中 A、B 右侧支路;将 A、B 左侧其他支路看作一个线性有源二端网络,如图 2-4-4b) 所示;然后将有源二端网络等效为一个实际电压源,如图 2-4-4c) 所示,最后用欧姆定律求解电流 I。

戴维南定理内容:线性有源二端网络可以等效为一个电压源,等效电压源的电压等于有源二端网络的开路电压,等效电压源的内阻等于有源二端网络的等效电阻。

● 图 2-4-4 戴维南定理中电路等效变换

如图 2-4-4a)所示,假设将待求支路在 A、B 处移除,则得到图 2-4-5 所示的有源二端网络。有源二端网络的开路电压等于端口 A、B 之间的电压 U_{AB},有源二端网络的等效电阻等于将所有理想电压源短路、理想电流源开路时端口 A、B 之间的电阻。

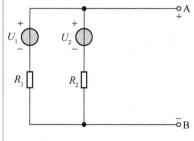

● 图 2-4-5　有源二端网络

交流讨论 2-4-1　如图 2-4-6 所示电路,请应用戴维南定理求解负载电流 I。

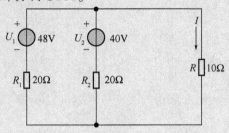

● 图 2-4-6　交流讨论 2-4-1 电路

解:(1)将电阻 R 从电路中拿掉,剩余电路为一有源二端网络,如图 2-4-7 所示。

(2)求有源二端网络开路电压 U。

$$I_1 = \frac{U_1 - U_2}{R_1 + R_2} = \frac{48 - 40}{20 + 20} = 0.2(\text{A})$$

$$U = U_{AB} = U_2 + I_1 R_2 = 40 + 0.2 \times 20 = 44(\text{V})$$

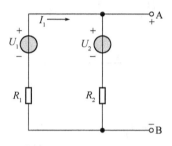

● 图 2-4-7　交流讨论 2-4-1 有源二端网络

(3)求等效电压源的内阻 R_0,如图 2-4-8 所示:

$$R_0 = \frac{R_1 \times R_2}{R_1 + R_2} = \frac{20 \times 20}{20 + 20} = 10(\Omega)$$

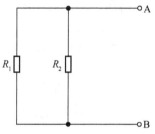

● 图 2-4-8　等效内阻电路

(4)求负载电流 I,根据图 2-4-9 所示戴维南等效电路,应用欧姆定律得:

$$I = \frac{U}{R_0 + R} = \frac{44}{10 + 10} = 2.2(\text{A})$$

答:负载电流 $I = 2.2\text{A}$。

交流讨论 2-4-2　如图 2-4-10 所示,$I_S = 1\text{A}$,$U_S = 6\text{V}$,$R_1 = R_2 = 3\Omega$,$R = 100\Omega$,用戴维南定理求解支路电流 I。

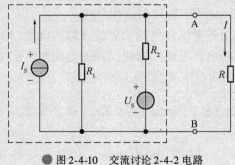

● 图 2-4-10　交流讨论 2-4-2 电路

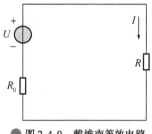

● 图 2-4-9　戴维南等效电路

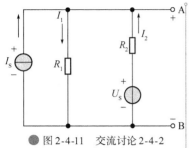

● 图 2-4-11 交流讨论 2-4-2 有源二端网络

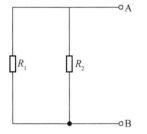

● 图 2-4-12 等效内阻电路

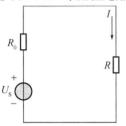

● 图 2-4-13 戴维南等效电路

解：(1)将电阻 R 从电路中拿掉，剩余电路为一有源二端网络，如图 2-4-11 所示：

(2)求有源二端网络开路电压 U。

$$\begin{cases} I_2 R_2 + I_1 R_1 = U_S \\ I_S + I_2 = I_1 \end{cases}$$

代入数据，解得：

$I_1 = 1.5(\text{A})$

$U = U_{AB} = I_1 R_1 = 1.5 \times 3 = 4.5(\text{V})$

(3)求等效电压源内阻 R_0，如图 2-4-12 所示：

$$R_0 = \frac{R_1 \times R_2}{R_1 + R_2} = \frac{3 \times 3}{3 + 3} = 1.5(\Omega)$$

(4)求支路电流 I，如图 2-4-13 所示，应用欧姆定律：

$$I = \frac{U}{R_0 + R} = \frac{4.5}{1.5 + 100} = 0.044(\text{A})$$

答：支路电流 $I = 0.044\text{A}$。

单元 2-5 叠加定理

叠加定理的内容：对于多个电源作用的线性电路，任何支路的电流(电压)都可以看成是各电源单独作用时在该支路所产生的电流(电压)的代数和。

叠加定理的解题步骤：

(1)将待求的多电源电路分解为几个单电源电路。所谓单电源电路，就是电路只保留一个电源，其他电源不起作用，即令理想电压源短路、理想电流源开路。

(2)求解出各单电源电路中对应支路的电流(电压)。

(3)将各单电源电路中对应支路的电流(电压)量求代数和，即为原电路中待求支路的电流(电压)。

交流讨论 2-5-1 如图 2-5-1 所示，请应用叠加定理重新求解负载电流 I。

解：(1)将原电路图 2-5-1 分解为 U_1 和 U_2 单独作用时的

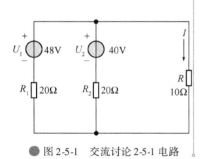

● 图 2-5-1 交流讨论 2-5-1 电路

电路,如图 2-5-2、图 2-5-3 所示。

(2) U_1 单独作用时:

$$I_1' = \frac{U_1}{R_1 + \frac{R \times R_2}{R + R_2}} = \frac{48}{20 + \frac{10 \times 20}{10 + 20}} = 1.8(\text{A})$$

$$I' = \frac{R_2}{R_2 + R} \times I_1' = \frac{20}{20 + 10} \times 1.8 = 1.2(\text{A})$$

(3) U_2 单独作用时:

$$I_2' = \frac{U_2}{R_2 + \frac{R \times R_1}{R + R_1}} = \frac{40}{20 + \frac{10 \times 20}{10 + 20}} = 1.5(\text{A})$$

$$I'' = \frac{R_1}{R_1 + R} \times I_2' = \frac{20}{20 + 10} \times 1.5 = 1.0(\text{A})$$

(4) 原电路中,两电源同时作用时:

$$I = I' + I'' = 1.2 + 1.0 = 2.2(\text{A})$$

答:负载电流 $I = 2.2\text{A}$。

交流讨论 2-5-2 如图 2-5-4 所示, $I_S = 1\text{A}$, $U_S = 6\text{V}$, $R_1 = R_2 = 3\Omega$, $R = 100\Omega$, 应用叠加定理求支路电流 I。

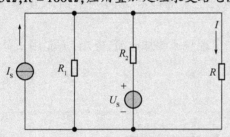

● 图 2-5-4 交流讨论 2-5-2 电路

解:(1) 将原电路图 2-5-4 分解为 I_S 和 U_S 单独作用的电路,如图 2-5-5、图 2-5-6 所示。

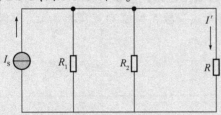

● 图 2-5-5 I_S 单独作用

(2) I_S 单独作用时,图 2-5-5 进一步化简为图 2-5-7 所示:

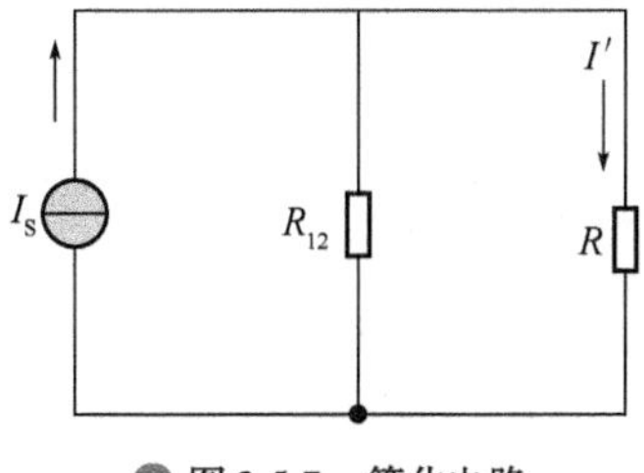

$$R_{12} = \frac{R_1 \times R_2}{R_1 + R_2} = \frac{3 \times 3}{3 + 3} = 1.5(\Omega)$$

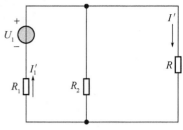

● 图 2-5-2 U_1 单独作用

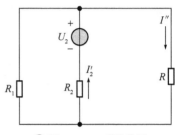

● 图 2-5-3 U_2 单独作用

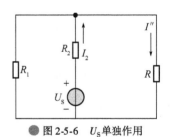

● 图 2-5-6 U_S 单独作用

● 图 2-5-7 简化电路

$$I' = \frac{R_{12}}{R_{12}+R} \times I_S = \frac{1.5}{1.5+100} \times 1 = 0.015(A)$$

(3)U_S单独作用时,原电路等效为图2-5-6所示:

$$I_2 = \frac{U_S}{R_2 + \frac{R \times R_1}{R+R_1}} = \frac{6}{3+\frac{3\times100}{3+100}} = 1.015(A)$$

$$I'' = \frac{R_1}{R_1+R} \times I_2 = \frac{3}{3+100} \times 1.015 = 0.029(A)$$

(4)原电路图2-5-4中的支路电流:
$$I = I' + I'' = 0.015 + 0.029 = 0.044(A)$$

答:电路中支路电路$I=0.044A$。

叠加定理应用注意事项:

(1)叠加定理只适用于线性电路,不适用于非线性电路。

(2)令电压源不起作用,就是将电压源短路,本支路中的电阻保留;令电流源不起作用,就是将电流源开路,本支路中的电阻不起作用。

(3)各电流(电压)分量求代数和,即电流(电压)分量与待求电流(电压)总量参考方向一致时取正号、相反时取负号。

(4)叠加定理只能叠加电流、电压,不能用来叠加功率。

实验4 叠加定理的验证

请同学们完成实验4叠加定理的验证,见教材实验实训手册。

实验5 戴维南定理的验证

请同学们完成实验5戴维南定理的验证,见教材实验实训手册。

单元知识网络

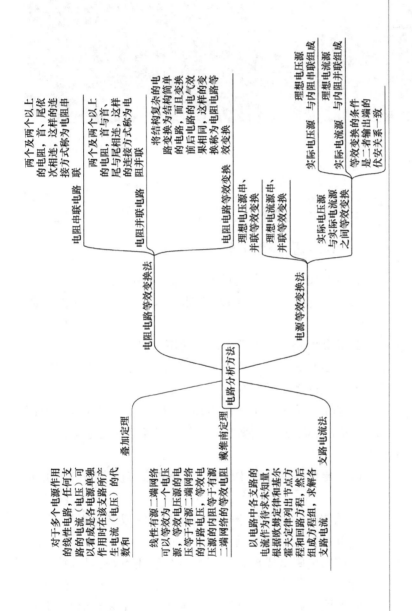

模块1 直流电路 41

考证训练

班级：_____ 姓名：_____ 学号：_____ 成绩：_____

一、判断题（每题1分，计10分）

1. 基尔霍夫定律一般只用于直流电路的分析。（　　）
2. 几个电阻并联后的总电阻等于各并联电阻的倒数之和。（　　）
3. 并联电路中各支路上的电流不一定相等。（　　）
4. 基尔霍夫第一定律是节点电流定律，是用来证明电路上各电流之间关系的定律。（　　）
5. 基尔霍夫电压定律的表述为：对电路中的任意一个回路，回路中各电源电动势的代数和等于各电阻上电压降低的代数和。（　　）
6. 在电阻并联电路中，各支路分电流与该支路的阻值成反比。（　　）
7. 照明电路造成短路是导线绝缘损坏或老化损坏，并在中性线和相线的绝缘处碰线。（　　）
8. 照明电路造成短路是用电器具接线不好，以致接头碰到一起。（　　）
9. 照明线路的接地点发生在穿墙部位和靠近墙壁或天花板等部位。（　　）
10. 针式绝缘子适用于直线杆或在承力杆上用来支持跨接线的地方。（　　）

二、单选题(每题2分,计36分)

1. 对于电路中的任一个节点,流入节点的电流之和必( )流出该节点的电流之和。
   A. 等于   B. 大于   C. 小于   D. 不等于

2. 基尔霍夫电流定律也称为基尔霍夫( )定律。
   A. 第一   B. 第二   C. 第三   D. 第四

3. 三条或三条以上支路的交汇点称为( )。
   A. 节点   B. 交点   C. 连接点   D. 接点

4. 带负荷的线路合闸时,断路器和隔离开关操作顺序是先合隔离开关,后合( )。
   A. 总闸开关   B. 断路器
   C. 断开导线   D. 隔离刀闸

5. 当电压为5V时,导体的阻值为5Ω,那么当电阻两端电压为2V时,导体的阻值为( )Ω。
   A. 10   B. 5   C. 2

6. 当负载两端有电压时,负载中一定有( )产生。
   A. 电荷   B. 电流
   C. 直流电流   D. 交流电流

7. 导体将( )的阻碍作用称为电阻。
   A. 电荷   B. 电流   C. 电压   D. 电子

8. 电容器在用万用表检查时指针摆动后应该( )。
   A. 保持不动
   B. 逐渐回摆
   C. 来回摆动

9. 电容器组禁止( )。
   A. 带电合闸
   B. 带电荷合闸
   C. 停电合闸

10. 基尔霍夫电压定律也称为基尔霍夫( )定律。
    A. 第一   B. 第二   C. 第三   D. 第四

11. 三个阻值相等的电阻串联时的总电阻是并联时总电阻的( )倍。
    A. 6   B. 9   C. 3

12. 不属于电阻并联电路的特点的是( )。
    A. 各电阻两端的电压相等
    B. 总电流等于各电阻支路电流之和
    C. 总电阻等于各并联电阻之和
    D. 各支路电流的分配与支路电阻的阻值成反比

13. 串联电路中各电阻两端电压的关系是( )。
    A. 各电阻两端电压相等
    B. 阻值越小,两端电压越高
    C. 阻值越大,两端电压越高
14. 既有电阻的串联,又有电阻的并联的电路称为( )。
    A. 简单电路
    B. 复杂电路
    C. 混联电路
    D. 串并联电路
15. 将一根导线均匀拉长为原长的 2 倍,则它的阻值为原阻值的( )倍。
    A. 1   B. 2   C. 4
16. 不属于电阻串联电路的特点的是( )。
    A. 串联电路各处电流相等
    B. 串联电路的总电阻为各串联电阻之和
    C. 串联电路两端的总电压等于各串联电阻两端的电压之和
    D. 串联电路中,各电阻上的电压与电阻大小成反比
17. 串联电路中流过每个电阻的电流( )。
    A. 都不相等但等于总电流
    B. 都相等但不等于总电流
    C. 都不相等且不等于总电流
    D. 都相等且等于总电流
18. 一台 10kW 的电炉,每天工作 8h,30 天耗电( ) kW·h。
    A. 80   B. 240   C. 300   D. 2400

三、计算题(计 54 分)

1. 求图题 2 中各电路 A、B 两端的等效电阻。(12 分)
2. 将图题 3 所示各电路等效为电压源。(10 分)
3. 如图题 4 所示,应用支路电流法求电流 I_1、I_2 及电流源 I_S 的端电压 U。(12 分)
4. 应用叠加定理求解图题 4 电路中的电流 I_2。(10 分)
5. 应用戴维南定理求解图题 5 电路中的电流 I_3。(10 分)

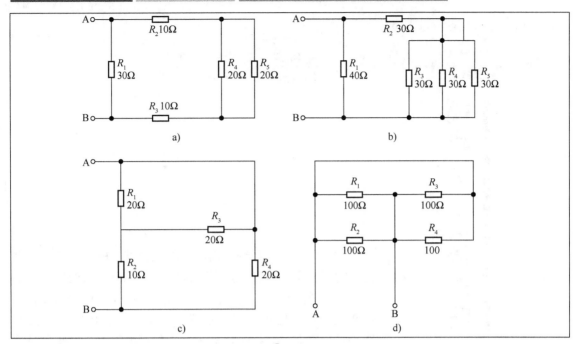

● 图题2

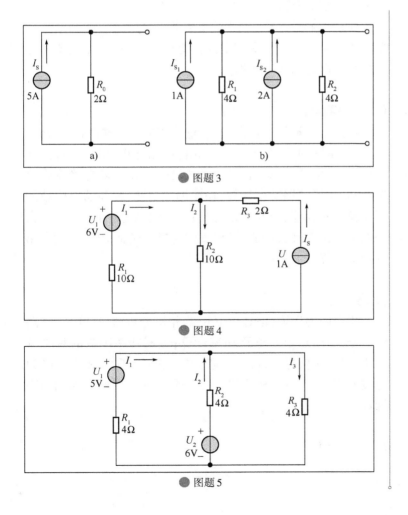

● 图题3

● 图题4

● 图题5

模块 2 交流电路

城市轨道交通系统所需的电能取自城市电网。城市电网提供的正弦交流电,经过变压、配电、输送等环节,给城市轨道交通系统提供能源;以适当的电压等级和一定的电流形式(直流或交流),满足轨道交通系统的牵引、车站、区间、动力、照明、通风、空调、信号、通信等子系统的用电需求。这些子系统所需的电源既有直流电,又有正弦交流电。

模块 2 主要学习正弦交流电路部分,包括单元 3 和单元 4。单元 3 主要学习单相交流电路的基础知识,单元 4 主要学习三相交流电路的基础知识。

【本模块重点】

正弦交流量的三要素;正弦量的相量表达式;相量的四则运算;相量图的绘制;单一电感元件电路分析;单一电容元件电路分析;RLC 串联电路相量分析法;RLC 串联电路性质分析;RLC 串联电路功率计算;功率因数概念;提高功率因数的意义及方法;串联谐振电路特征;并联谐振电路特征;三相交流电源连接方式及特征;三相负载连接方式及特征;三相电路的功率计算。

【本模块难点】

相量四则运算;RLC 串联电路相量分析法;LC 串联电路性质分析;RLC 串联电路功率计算;提高功率因数的意义及方法;串联谐振电路特征;并联谐振电路特征;三相交流电源连接方式及特征;三相负载连接方式及特征;三相电路的功率计算。

【建议学时】

20 学时

单元 3
单相交流电路

【知识目标】

1. 掌握正弦交流电三要素及瞬时表达式。
2. 掌握正弦交流电的相量表示法及基本运算。
3. 掌握单一参数正弦交流电路的特性。
4. 掌握 RLC 串联正弦交流电路的特性、电压与电流的关系、功率。
5. 理解功率因数概念。
6. 掌握功率因数提高的意义及方法。
7. 掌握电路谐振概念、特性。

【技能目标】

1. 能够用相量法分析计算单相交流电路。
2. 学会交流电路提高功率因数方法。
3. 熟悉谐振电路应用。

【素质目标】

1. 培养勇攀科学高峰的精神。
2. 培养节能环保意识。
3. 培养追求真理的学习态度。

【翻转课堂】

课前,教师安排学习任务,学生分成学习小组,各小组课前充分学习讨论,预习本单元内容。课中,小组代表上台使用PPT讲解本单元重点内容。讲解内容包括:正弦交流

● 内容结构

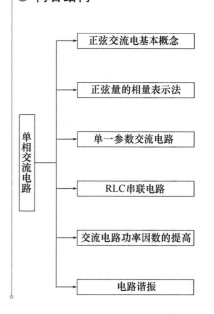

电量三要素;正弦量的相量表示法;相量法分析交流电路;功率因数提高的意义;谐振电路特征。教师评价、答疑,通过交流讨论,突破难点内容。课后,学生完成作业并预习下次课内容,教师检查作业,掌握学生的学习情况,为下次备课做准备。

单元 3-1
正弦交流电基本概念

一、正弦交流电

正弦交流电的电动势、电压和电流的大小、方向随时间按正弦规律周期性变化,这些物理量也称为正弦量。以正弦电流量为例,其电路图与波形图如图 3-1-1 所示。

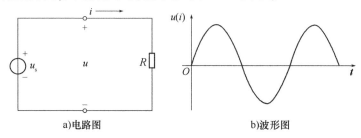

a)电路图　　　　　　　　b)波形图

● 图 3-1-1　正弦交流电路图与波形图

正弦交流电的电流大小随时间不停地变化,电流在某一时刻的大小称为电流瞬时值,用小写字母 i 表示。同理,正弦交流电压和电动势的瞬时值分别用 u 和 e 表示。正弦电流瞬时表达式(也称为解析式)写为

$$i = I_m \sin(\omega t + \varphi_i) \quad (3\text{-}1\text{-}1)$$

同理,可写出正弦电压和电动势的瞬时表达式:

$$u = U_m \sin(\omega t + \varphi_u) \quad (3\text{-}1\text{-}2)$$

$$e = E_m \sin(\omega t + \varphi_e) \quad (3\text{-}1\text{-}3)$$

二、描述正弦量的三要素

正弦电流量的瞬时表达式 $i = I_m \sin(\omega t + \varphi_i)$ 中,I_m 是电流的最大值,ω 是正弦电流的角频率,φ_i 是正弦电流的初相位,这三个参数表征了正弦电流量的基本特性,称为正弦电流的三要素。同样,表征正弦电压量的三要素是 U_m、ω、φ_u,表征正弦电动势的三要素是 E_m、ω、φ_e。上述三要素统称为正弦量三要素。

1. 最大值

最大值包括正弦电流最大值、电压最大值、电动势最大值,即 I_m、U_m、E_m。最大值又称幅值,表示正弦量的变化幅度。

2. 角频率

角频率 ω 是描述正弦量辐角(相角)变化快慢的物理量,其大小等于单位时间内正弦量辐角的变化值,即

$$\omega = 2\pi/t = 2\pi f \qquad (3\text{-}1\text{-}4)$$

ω 的单位为弧度每秒(rad/s)。

3. 初相位

式(3-1-1)中,$(\omega t + \varphi_i)$ 表示正弦电流的相位随时间 t 按正弦规律变化,我们称 $(\omega t + \varphi_i)$ 为正弦电流的相角。$t = 0$ 时,相角为 φ_i,称为正弦电流的初相角,简称初相位,单位为弧度(rad)。同理,$(\omega t + \varphi_u)$ 称为正弦电压的相角,φ_u 称为正弦电压的初相角,单位为弧度(rad)。

初相位的取值范围为 $-\pi \sim +\pi$。

交流讨论 3-1-1 某城市轨道交通车站灯光照明系统采用正弦交流供电系统,已知正弦交流电压最大值 $U_m = 311\text{V}$,初相位 $\varphi_u = 0°$,频率 $f = 50\text{Hz}$。请写出正弦交流电压的瞬时表达式。

解:应用正弦交流电三要素法,可直接写出其瞬时表达式:

$$\begin{aligned}
u &= U_m \sin(\omega t + \varphi_u) \\
&= U_m \sin(2\pi f t + \varphi_u) \\
&= 311\sin(314t + 0°) \\
&= 311\sin(314t)\text{V}
\end{aligned}$$

交流讨论 3-1-2 某正弦交流电压 $u = 311\sin(314t + 30°)\text{V}$,请写出其三要素。

解:由正弦交流电压的瞬时表达式可知:

电压最大值:

$$U_m = 311\text{V}$$

角频率:

$$\omega = 314(\text{rad/s})$$

初相位:

$$\varphi_u = 30°$$

三、相位差

本书中,我们分析的正弦交流电压和正弦交流电流都是同频率,但是,两个同频率正弦量的相位关系可能不同,即

随时间变化的步调不一致。例如:

$$u = 311\sin(314t + 0°) \text{ V} \tag{3-1-5}$$

$$i = 14.1\sin(314t + 90°) \text{ A} \tag{3-1-6}$$

为了描述二者之间的相位关系,引入了相位差的概念。所谓相位差就是两个同频率正弦交流量之间的相位差,用 $\Delta\varphi$ 表示。例如,正弦交流电压和正弦交流电流之间的相位差:

$$\Delta\varphi = (\omega t + \varphi_u) - (\omega t + \varphi_i) = \varphi_u - \varphi_i \tag{3-1-7}$$

两个同频率正弦量之间的相位差等于它们的初相位差,比较两个不同频率正弦量的相位是无意义的。

两个同频率正弦量之间的相位差:

如果 $\Delta\varphi > 0$,即 $\varphi_u > \varphi_i$,称为电压量超前电流量(或者电流量滞后电压量);

如果 $\Delta\varphi < 0$,即 $\varphi_u < \varphi_i$,称为电压量滞后电流量(或者电流量超前电压量);

如果 $\Delta\varphi = 0$,即 $\varphi_u = \varphi_i$,二者同时达到最大值,也同时达到零值,称为电压量与电流量同相位;

如果 $\Delta\varphi = \pm 180°$,称为电压量与电流量反相;

如果 $\Delta\varphi = \pm 90°$,称为电压量与电流量正交。

两个同频率正弦量之间的相位关系如图 3-1-2 所示。

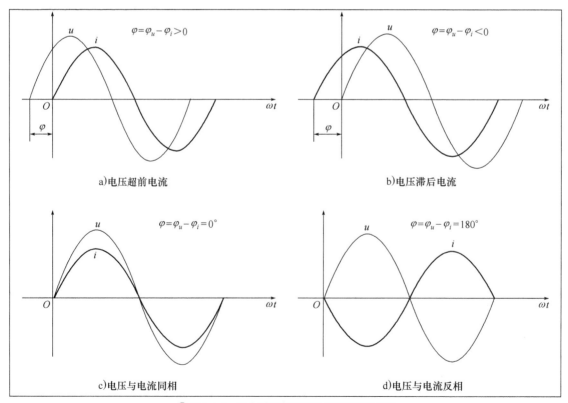

● 图 3-1-2 两个同频率正弦量之间的相位关系

四、正弦量的有效值

正弦交流量的瞬时值时刻在变化,不方便用来描述正弦交流量的大小,故引入有效值的概念来描述和计量正弦量。有效值是根据电流热效应计量,假设某正弦电流与某直流电流通过同一电阻在相同时间内所产生的热效应相等,则定义此正弦交流电流的有效值等于直流电流的值。正弦电流的有效值用 I 表示。有效值 I 与最大值 I_m 之间存在以下关系:

$$I_m = \sqrt{2} I \tag{3-1-8}$$

同样,正弦量电压的有效值 U 与最大值 U_m 之间存在以下关系:

$$U_m = \sqrt{2} U \tag{3-1-9}$$

电压表(或者电流表)的读数以及电气设备标注的额定值均是指有效值。

> **交流讨论 3-1-3** 某城市轨道交通换乘站,照明供电系统采用额定电压 220V 的正弦交流电。问:此正弦交流电的电压最大值是多少伏?
>
> **解**:额定电压 220V,表示交流电压有效值 $U = 220\text{V}$,则最大值:
>
> $$U_m = \sqrt{2} U = \sqrt{2} \times 220 = 311 (\text{V})$$

◀ 单元 3-2
正弦量的相量表示法

正弦交流电路中,电流量、电压量和电动势统称为正弦量。正弦量有多种表示方式,单元 3-1 已经学习了瞬时表达式(又称解析式)和波形图等表示方式,这两种表示方式尽管能清晰描述正弦量,但是计算正弦量时非常烦琐。为此,本单元学习正弦量另一种表示方式:相量表示法,相量表示法极大地简化了正弦量运算。

学习相量表示法会涉及复数,所以先熟悉一下复数的概念和基本运算。

一、复数

1. 复数表示形式

复数有不同表示形式,本书主要应用到代数式和极坐标式以及两者之间的相互转换。

(1)复数代数式

代数式:

$$A = a + jb$$

式中:A——复数;

a——复数实部,$a = |A|\cos\varphi$;

b——复数虚部,$b = |A|\sin\varphi$;

φ——复数的辐角;

j——复数单位。

复数 $A = a + jb$ 体现在直角坐标系中,如图 3-2-1 所示。

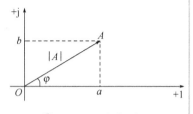

● 图 3-2-1　复数坐标图

(2)复数极坐标式

极坐标式:

$$A = |A| \angle \varphi$$

式中:A——复数;

$|A|$——复数的模,$|A| = \sqrt{a^2 + b^2}$;

φ——复数的辐角,$\varphi = \arctan(b/a)$。

复数 $A = |A| \angle \varphi$ 体现在直角坐标系中,如图 3-2-1 所示。

(3)复数代数式与极坐标式的相互转换

复数代数式 $A = a + jb$ 转换为极坐标式:$A = |A| \angle \varphi$。其中,$|A| = \sqrt{a^2 + b^2}$,$\varphi = \arctan\dfrac{b}{a}$;

复数极坐标式 $A = |A| \angle \varphi$ 转换为代数式:$A = a + jb$。其中,$a = |A|\cos\varphi$,$b = |A|\sin\varphi$。

2. 复数运算

复数的不同运算可选用复数不同的表示方式,复数加(减)运算时选用复数代数式,复数乘(除)运算时可选用复数极坐标式。这样方便复数的加(减)、乘(除)运算,使复数的运算变得简单。

(1)复数加(减)运算

两个复数加(减)运算时,可将复数写成代数式,然后将两个复数的实部与实部相加(减),虚部与虚部相加(减)。例如,两个复数 $A_1 = a_1 + jb_1$ 与 $A_2 = a_2 + jb_2$ 相加(减),则:

$$A = A_1 \pm A_2 = (a_1 \pm a_2) + j(b_1 \pm b_2)$$

(2)复数的乘(除)运算

两个复数乘(除)运算时,可将复数写成极坐标式,然后将两个复数的模相乘(除),辐角相加(减)。例如,两个复数 $A_1 = |A_1| \angle \varphi_1$,$A_2 = |A_2| \angle \varphi_2$,则:

$$A_1 A_2 = |A_1||A_2| \angle (\varphi_1 + \varphi_2)$$

$$A_1 / A_2 = |A_1|/|A_2| \angle (\varphi_1 - \varphi_2)$$

二、正弦量的相量表示法

正弦量的特征用复数方式表示,称为相量。用相量表示的正弦量主要有电压和电流,分别表示为:$\dot{U}=U\angle\varphi_u$,$\dot{I}=I\angle\varphi_i$。其中,$\dot{U}$表示正弦电压有效值相量,$\dot{I}$表示正弦电流有效值相量;U表示正弦电压有效值,I表示正弦电流有效值;φ_u表示电压相量的辐角,φ_i表示电流相量的辐角。

如果给出正弦量最大值$U_m(I_m)$,则可以写出最大值相量:$\dot{U}_m=U_m\angle\varphi_u$,$\dot{I}_m=I_m\angle\varphi_i$。

在复平面坐标系中,相量以几何图方式表示,称为相量图。相量图也可以表示相量和计算相量。

交流讨论 3-2-1 已知某正弦交流电压三要素为:电压有效值$U=220\text{V}$,角频率$\omega=314\text{rad/s}$,初相位$\varphi_u=30°$,请:

(1)写出此正弦量的瞬时表达式;
(2)写出有效值相量式;
(3)画出有效值相量图。

解:(1)已知电压有效值为$U=220\text{V}$,得出最大值$U_m=\sqrt{2}U=U_m=220\sqrt{2}\text{V}$,瞬时值表达式:

$$u=U_m\sin(\omega t+\varphi_u)$$
$$=220\sqrt{2}\sin(314t+30°)\text{V}$$

(2)有效值相量式:

$$\dot{U}=U\angle\varphi_u=220\angle 30°$$

(3)有效值相量图如图3-2-2所示。

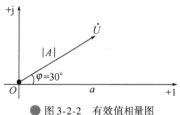

● 图 3-2-2 有效值相量图

正弦量相量实质上就是正弦量的复数表示形式,所以正弦量相量的加(减)、乘(除)运算遵循复数运算法则。

交流讨论 3-2-2 两支并联支路的电流分别为:$i_1=6\sqrt{2}\sin(314t+30°)\text{A}$,$i_2=8\sqrt{2}\sin(314t-60°)\text{A}$,如图3-2-3所示,试写出:

(1)总电流i的相量式;
(2)总电流i的瞬时表达式。

解:由两支路电流的瞬时表达式写出有效值相量式:

$$\dot{I}_1=6\angle 30°=(5.196+\text{j}3)\text{A}$$
$$\dot{I}_2=8\angle-60°=(4-\text{j}6.928)\text{A}$$

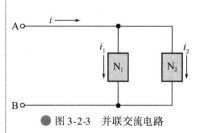

● 图 3-2-3 并联交流电路

(1) 总电流相量式:
$$\dot{I} = \dot{I}_1 + \dot{I}_2$$
$$= (5.196 + j3) + (4 - j6.928)$$
$$= (9.196 - j3.928)$$
$$= 10\angle -23.1°(A)$$

(2) 由总电流相量式写瞬时表达式:
$$i = 10\sqrt{2}\sin(314t - 23.1°)(A)$$

单元 3-3 单一参数交流电路

电工电路中常用的电路元件主要有电阻、电感、电容等。在分析直流电路时,电感相当于短路、电容相当于开路,使得电路分析比较简单;而正弦交流电路中,电感和电容的特性以及参数都会受到交流频率的影响,这就使正弦交流电路分析和计算变得复杂。本单元先从简单的正弦交流电路开始,学习由电阻、电感、电容构成的单一参数的正弦交流电路。单一参数是指电路中只有电阻(或电感、或电容)的简单正弦交流电路。

一、电阻元件正弦交流电路

电路分析主要是分析电路的电流、电压和电阻等主要参数之间的关系,有时也扩展到电路功率。

1. 电压与电流

如果已知电路的电阻 R,电阻两端所加正弦交流电压为 $u = U_m\sin\omega t$,如图 3-3-1 所示,则通过 R 的电流:

$$i = \frac{u}{R} = \frac{U_m\sin\omega t}{R} = I_m\sin\omega t \tag{3-3-1}$$

其中:
$$I_m = U_m/R$$

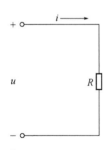

● 图 3-3-1 电阻电路

由式(3-3-1)可以看出,电压 u 和电流 i 两个正弦量之间存在如下关系:

(1) u 与 i 均是正弦量,且同频率。
(2) u 与 i 同相位。
(3) $I_m = U_m/R$。
(4) 电压与电流的相量式: $\dot{I} = \dot{U}/R$ 或者 $\dot{U} = \dot{I} \cdot R$,此式为欧姆定律的相量式。
(5) u 与 i 的波形图如图 3-3-2 所示。

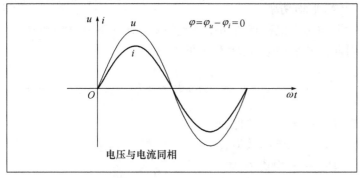

● 图 3-3-2 u 与 i 的波形图

(6) u 与 i 的相量图如图 3-3-3 所示。

2. 功率

(1) 瞬时功率

因为正弦交流电路中,电压和电流随时间按正弦规律时刻在变化,电阻消耗的功率也时刻在变化。瞬时功率指电路在某一时刻对应的功率,用小写字母 p 表示。如果已知电路的电阻 R,电阻两端所加正弦交流电压为 $u = U_m \sin\omega t$,通过 R 的电流为 $i = I_m \sin\omega t$,则电路瞬时功率:

$$p = ui = U_m \sin\omega t \cdot I_m \sin\omega t = UI(1 - \cos2\omega t) \quad (3-3-2)$$

式(3-3-2)表示电阻的瞬时功率由两部分组成,其中 UI 为恒定分量,$-UI(-\cos2\omega t)$ 为交变分量;瞬时功率的角频率为 2ω,是电压和电流角频率的 2 倍;$p \geq 0$,说明电阻是耗能元件;瞬时功率波形图如图 3-3-4 所示。

● 图 3-3-3 u 与 i 的相量图

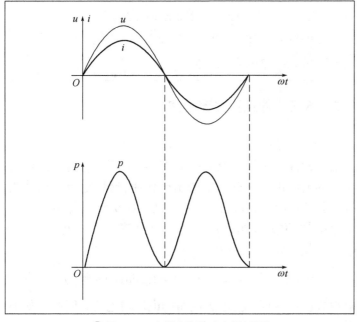

● 图 3-3-4 电阻电路瞬时功率波形图

(2)平均功率

平均功率也称有功功率,指正弦交流电路瞬时功率在一个周期内的平均值,用大写字母 P 表示:

$$P = \frac{1}{T}\int_0^T p\,\mathrm{d}t = UI \tag{3-3-3}$$

式中:U——电压有效值,V;
I——电流有效值,A;
P——平均功率,W。

我们平时所说的功率一般指平均功率。

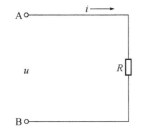

图 3-3-5 交流讨论 3-3-1 电路

交流讨论 3-3-1 如图 3-3-5 所示,某电阻两端所加正弦交流电压为 $u = 311\sin(314t + 30°)\text{V}$,$R = 200\Omega$。求:

(1)电路电流的瞬时表达式 i;
(2)电路电压和电流的相量式 $\dot{U}$、$\dot{I}$;
(3)电阻 R 消耗的平均功率 P;
(4)画出电路电压和电流的相量图。

解:(1)$i = u/R = 311\sin(314t + 30°)/200 = 1.555\sin(314t + 30°)\text{A}$。

(2)由题意知:$U = 220\text{V}$,电阻上电流与电压同相位,即 $\varphi_i = \varphi_u = 30°$,由步骤(1)可知:

$$I = 1.555/\sqrt{2} = 1.1(\text{A})$$

则

$$\dot{U} = U\angle\varphi_u = 220\angle 30°(\text{V})$$

$$\dot{I} = I\angle\varphi_i = 1.1\angle 30°(\text{A})$$

(3)$P = UI = 220 \times 1.1 = 242(\text{W})$。
(4)相量图如图 3-3-6 所示。

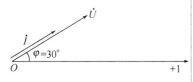

图 3-3-6 交流讨论 3-3-1 相量图

二、电感元件正弦交流电路

1. 电压与电流的关系

电感元件的正弦交流电路如图 3-3-7 所示。电感元件对电路中的电流仍然具有一定的阻碍作用,这种阻碍作用称为感抗,用 X_L 表示,$X_L = \omega L$,其中 ω 是正弦交流电的角频率,L 是电感值,单位为欧姆(Ω)。若通过电感元件的电流为 $i = I_m\sin\omega t$,则电感两端的电压为

$$U = X_L \cdot I_m\sin(\omega t + 90°) = U_m\sin(\omega t + 90°) \tag{3-3-4}$$

由式(3-3-4)可得,电感电路的电压与电流之间存在如下关系:

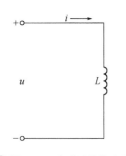

图 3-3-7 电感元件的正弦交流电路

(1) 电压 u 与电流 i 均是正弦量且同频率。
(2) 电压相位超前电流相位 90°,即 $\varphi_u = \varphi_i + 90°$。
(3) $U_m = I_m \cdot X_L$。
(4) 电压与电流的波形如图 3-3-8 所示。

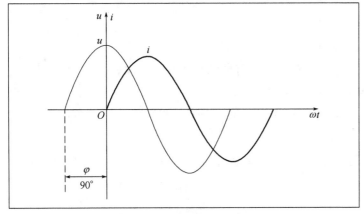

● 图 3-3-8　电压与电流的波形

(5) 电压与电流的相量图如图 3-3-9 所示。

2. 功率

(1) 瞬时功率

$$p = ui = U_m\sin(\omega t + 90°) \cdot I_m\sin\omega t = UI\sin2\omega t \quad (3-3-4)$$

式(3-3-4)表示:电感元件的瞬时功率是一个正弦量,其最大值为 UI,角频率为电源角频率的 2 倍,瞬时功率的波形图如图 3-3-10 所示。

(2) 平均功率

平均功率又称有功功率,用大写 P 表示。

$$P = \frac{1}{T}\int_0^T p\mathrm{d}t = 0 \quad (3-3-5)$$

式(3-3-5)表示:在一个正弦周期内,电感的平均功率(有功功率)为零,说明电感元件不消耗能量。

(3) 无功功率

电感元件瞬时功率的最大值称为无功功率,用 Q 表示,$Q = UI = I^2X_L$,单位为乏(var)。无功功率反映了电感元件与电源之间的能量交换。

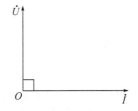

● 图 3-3-9　电压与电流的相量图

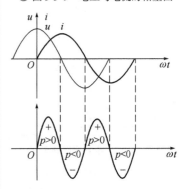

● 图 3-3-10　瞬时功率的波形图

> **交流讨论 3-3-2**　如图 3-3-11 所示,某电感元件中通过正弦交流电流:$i = 1.55\sin(314t - 60°)$ A,电感值 $L = 0.2$ H,求:
> (1) 电感两端电压 U_L 的大小。
> (2) 电感两端电压瞬时表达式。
> (3) 电感两端电压相量式。
> (4) 电感的有功功率 P、无功功率 Q。

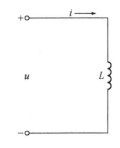

● 图 3-3-11　交流讨论 3-3-2 电路

(5)画出电压、电流相量图。

解：

(1)由题意知：

$X_L = \omega L = 314 \times 0.2 = 62.8(\Omega)$

$I = 1.55/\sqrt{2} = 1.1(A)$

$U_L = IX_L = 1.1 \times 62.8 = 69(V)$

(2)电感电压超前电流90°

由 $\varphi_u - \varphi_i = 90°$ 得：

$\varphi_u = \varphi_i + 90° = -60° + 90° = 30°$

则：

$$u = \sqrt{2}U_L\sin(\omega t + \varphi_u)$$
$$= 69\sqrt{2}\sin(314t + 30°)\text{V}$$

(3) $\dot{U}_L = U_L\angle\varphi_u = 69\angle 30°\text{V}$。

(4)电感不消耗功率：

$P = 0$

$Q = I^2 X_L = 1.1^2 \times 62.8 = 76(\text{var})$

(5)电压、电流相量图如图 3-3-12 所示。

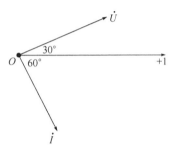

● 图 3-3-12　交流讨论 3-3-2 电压、电流相量图

三、电容元件正弦交流电路

1. 电压与电流的关系

电容元件的正弦交流电路如图 3-3-13 所示。电路中电容元件对电路中的电流具有一定阻碍作用，这种阻碍作用称为容抗，用 X_C 表示，单位为欧姆(Ω)。

$$X_C = \frac{1}{\omega C} \tag{3-3-6}$$

式中：ω——正弦交流电角频率，rad/s；

　　　C——电容元件的电容值，F。

电感感抗 X_L 和电容容抗 X_C 统称为电抗，用 X 表示，$X = X_L - X_C$。

设某电容元件两端电压为 $u = U_m\sin\omega t$，则通过电容元件的电流为

$$i = I_m\sin(\omega t + 90°)\text{A}$$

由上式可知，电容元件的电压与电流之间存在如下关系：

(1) u 与 i 都是正弦量，且同频率。

(2) 电流相位超前电压相位90°，即 $\varphi_i = \varphi_u + 90°$。

(3) $U_m = I_m \cdot X_C$；$U = I \cdot X_C$。

(4) $\dot{U} = -jX_C \cdot \dot{I}$。

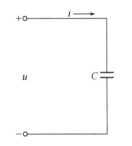

● 图 3-3-13　电容元件的正弦交流电路

(5) u 与 i 的波形图如图 3-3-14 所示。

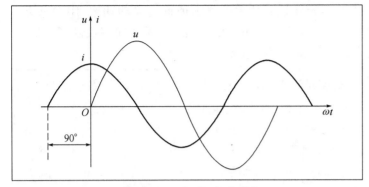

● 图 3-3-14　u 与 i 的波形图

(6) $\dot{U}$ 与 $\dot{I}$ 的相量图如图 3-3-15 所示。

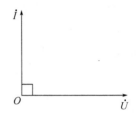

● 图 3-3-15　$\dot{U}$ 与 $\dot{I}$ 的相量图

2. 功率

(1) 瞬时功率

$$p = ui = U_{\mathrm{m}}\sin(\omega t) \cdot I_{\mathrm{m}}\sin(\omega t + 90°) = UI\sin(2\omega t)$$

上式表示：电容元件的瞬时功率是一个正弦量，其最大值为 UI；角频率为电压频率的 2 倍，瞬时功率的波形图如图 3-3-16 所示。

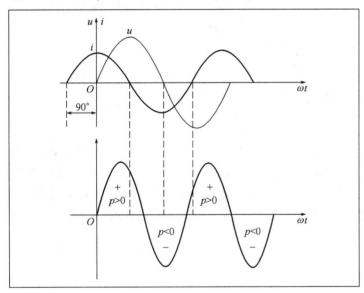

● 图 3-3-16　瞬时功率的波形图

(2) 平均功率

平均功率又称有功功率，用大写 P 表示。

$$P = \frac{1}{T}\int_0^T p\mathrm{d}t = 0 \qquad (3\text{-}3\text{-}7)$$

式(3-3-7)表示：在一个正弦周期内，电容的平均功率（有功功率）为零，说明电容元件不消耗能量。

模块2　交流电路　59

(3) 无功功率

电容元件瞬时功率的最大值称为无功功率,用 Q 表示,$Q = -UI = -I^2 X_C$,单位为乏(var)。无功功率反映了电容元件与电源之间的能量交换。

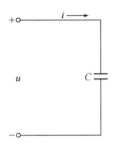

● 图 3-3-17 交流讨论 3-3-3 电路

交流讨论 3-3-3 如图 3-3-17 所示,某电容元件两端电压 $u = 220\sqrt{2}\sin(314t)$ V,电容值 $C = 100\mu F$,求:
(1) 电容中电流的大小 I。
(2) 电容中电流的瞬时表达式。
(3) 电容中电流相量式。
(4) 电容有功功率 P 和无功功率 Q。
(5) 画出电容中电流的相量图。

解:$X_C = \dfrac{1}{\omega C} = \dfrac{1}{314 \times 100 \times 10^{-6}} = 32(\Omega)$

(1) $I = \dfrac{U}{X_C} = \dfrac{220}{32} = 6.9(A)$。

(2) 电容电流超前电压 $90°$,即 $\varphi_i = \varphi_u + 90°$,所以
$$i = \sqrt{2}I\sin(314t + 90°)$$
$$= 6.9\sqrt{2}\sin(314t + 90°)(A)$$

(3) $\dot{I} = I\angle\varphi_i = 6.9\angle 90°(A)$。

(4) 电容不消耗能量:
$P = 0$
$Q = -I^2 \cdot X_C = -6.9^2 \times 32 = -1524(var)$

(5) 相量图如图 3-3-18 所示。

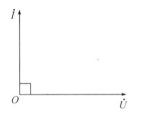

● 图 3-3-18 交流讨论 3-3-3 相量图

交流讨论 3-3-3 中,若此电容所加电压的频率由 50Hz 变为 500Hz,其余数据不变,则例题中所求的各项数值会发生改变。同一电容值,所加电压频率越高,则容抗越小、电流越大、无功功率越大,但保持电压与电流的相位差不变,$\varphi_i = \varphi_u + 90°$。

R、L、C 单一参数正弦交流电路的基本性质汇总,如表 3-3-1 所示。

正弦交流电路的基本性质汇总　　　　表 3-3-1

电路模型		u 与 i 的关系			阻抗	功率	
		瞬时值	有效值	相位		有功功率	无功功率
单一参数:R		$u = iR$	$U = IR$	$\varphi_u - \varphi_i = 0$	电阻 R	$P = UI = I^2R$	$Q = 0$

续上表

电路模型		u 与 i 的关系			阻抗	功率	
		瞬时值	有效值	相位		有功功率	无功功率
单一参数:L		$u = L\dfrac{di}{dt}$	$U = IX_L$	$\varphi_u - \varphi_i = 90°$	感抗 X_L	$P = 0$	$Q = UI = I^2 X_L$
单一参数:C		$i = C\dfrac{du}{dt}$	$U = IX_C$	$\varphi_u - \varphi_i = -90°$	容抗 X_C	$P = 0$	$Q = -UI = -I^2 X_C$

单元 3-4 RLC 串联电路

前面学习的单一参数电路是抽象出来的最简单化的电路模型,实际电路都是由众多电阻、电感、电容以及其他元件组成的,所以分析多参数电路具有实际意义。在多参数电路中,最典型的电路就是 RLC 串联电路,单一参数电路可以看作 RLC 串联电路的特例。RLC 串联电路如图 3-4-1 所示。

一、电压与电流的关系总述

(1)电压与电流的关系

如图 3-4-1 所示,RLC 串联电路中设 $i = I_m \sin(\omega t)$,则

$$u_R = R \cdot I_m \sin(\omega t)$$
$$u_L = X_L \cdot I_m \sin(\omega t + 90°)$$
$$u_C = X_C \cdot I_m \sin(\omega t - 90°)$$

由基尔霍夫电压定律得:

$$u = u_R + u_L + u_C \qquad (3\text{-}4\text{-}1)$$

如果对式(3-4-1)进行计算,过程非常烦琐,稍后介绍简洁方法求解。

(2)电压相量与电流相量的关系

图 3-4-2 所示为电路相量模型,图中各电压相量之间存在如下关系:

$$\begin{aligned}
\dot{U} &= \dot{U}_R + \dot{U}_L + \dot{U}_C \\
&= R\dot{I} + jX_L\dot{I} - jX_C\dot{I} \\
&= \dot{I}[R + j(X_L - X_C)] \\
&= \dot{I}(R + jX) \\
&= \dot{I} \cdot Z \qquad (3\text{-}4\text{-}2)
\end{aligned}$$

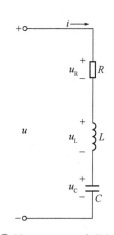

图 3-4-1 RLC 串联电路

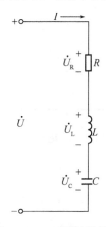

图 3-4-2 RLC 串联电路相量模型

式(3-4-2)中，$Z = R + \mathrm{j}X$ 称为复阻抗，简称阻抗，单位为欧姆(Ω)；实部 R 是电阻部分，虚部系数 X 是电抗，电抗是感抗和容抗之差，即 $X = X_\mathrm{L} - X_\mathrm{C}$。

由式(3-4-2)得到电压相量与电流相量的关系：

$$\dot{U} = \dot{I} \cdot Z \quad 或 \quad \dot{I} = \dot{U}/Z \qquad (3\text{-}4\text{-}3)$$

式(3-4-3)就是 RLC 串联电路欧姆定律的相量形式。

$\dot{U}$、$\dot{U}_\mathrm{R}$、$\dot{U}_\mathrm{X}$ 组成电压三角形，如图 3-4-3 所示。其中，$\dot{U} = \dot{U}_\mathrm{R} + \dot{U}_\mathrm{X}$。

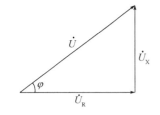

图 3-4-3　电压相量及电压三角形

二、复阻抗

1. 复阻抗 Z 常用表示方式有代数式和极坐标式两种。

(1) 代数式

$$Z = R + \mathrm{j}(X_\mathrm{L} - X_\mathrm{C}) = R + \mathrm{j}X$$

式中，实部 R 对应单一参数电路中的电阻，虚部 X_L 对应单一参数电路中的电感，虚部 X_C 对应单一参数电路中的电容。

(2) 极坐标式

$$Z = |Z| \angle \varphi$$

式中：$|Z|$——阻抗的模，$|Z| = \sqrt{R^2 + X^2}$；

　　　φ——辐角，也称为阻抗角，其大小等于电压与电流的相位差，即 $\varphi = \varphi_u - \varphi_i$。

2. 两种表示形式相互转换

(1) 若已知极坐标式 $Z = |Z| \angle \varphi$，则 $R = |Z|\cos\varphi$，$X = |Z|\sin\varphi$，可得代数式：

$$Z = R + \mathrm{j}X$$

(2) 若已知代数式 $Z = R + \mathrm{j}X$，则 $|Z| = \sqrt{R^2 + X^2}$，$\varphi = \arctan\dfrac{X}{R}$，可得极坐标式：

$$Z = |Z| \angle \varphi$$

3. 阻抗三角形

复阻抗 $|Z|$ 与电阻 R、电抗 X 之间组成阻抗三角形，如图 3-4-4 所示，其中：

$$|Z| = \sqrt{R^2 + X^2}，X = X_\mathrm{L} - X_\mathrm{C}$$

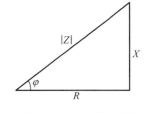

图 3-4-4　阻抗三角形

三、电抗与电路性质

电抗 X 是感抗 X_L 与容抗 X_C 共同作用的结果，电抗 X 的值影响着电路的性质：

(1) 若 $X > 0$，即 $X_\mathrm{L} > X_\mathrm{C}$，则电路呈电感性质，电压相位超前电流相位。

(2)若 $X<0$,即 $X_L<X_C$,则电路呈电容性质,电压相位滞后电流相位。

(3)若 $X=0$,即 $X_L=X_C$,则电路呈电阻性质,电压与电流同相位,这种情况称为电路谐振。

四、功率

单一参数电路中已经学习过,电路中的电阻消耗能量,而电感和电容不消耗能量,只是储存和释放能量,所以在 RLC 串联电路中存在两部分功率:一部分是电阻消耗的有功功率,另一部分是电感、电容用于交换的无功功率。

1. 有功功率

有功功率也称为平均功率,用大写字母 P 表示,单位为瓦特(W)。公式为

$$P=UI\cos\varphi$$

式中:U——交流电压有效值,V;

I——交流电流有效值,A;

$\cos\varphi$——功率因数,φ 是功率因数角,φ 的大小等于阻抗角,也等于电压与电流相位差。

2. 无功功率

电路中电感和电容属于储能元件,尽管它们不消耗能量,但是它们占用一部分能量用于储能元件与电源之间进行能量交换。用于能量交换的这部分功率称为无功功率,无功功率用大写字母 Q 表示,无功功率的值 $Q=UI\sin\varphi$,单位为乏(var)。

在电路中,无功功率不是无用功率,是有用途的。

3. 视在功率

视在功率用大写字母 S 表示,视在功率的大小等于电压有效值与电流有效值的乘积,即

$$S=UI$$

S 与 P、Q 之间的关系如下:

$$S^2=P^2+Q^2 \quad 或 \quad S=\sqrt{P^2+Q^2} \quad (3-4-4)$$

注意:视在功率不是电路实际消耗的功率,$S\neq P+Q$。视在功率的单位为伏安(VA)。

4. 功率三角形

由式(3-4-4)知,S 与 P、Q 构成直角三角形,如图 3-4-5 所示。φ 是功率因数角,其大小等于阻抗角,也等于电压与电流相位差。S 与 P、Q 之间的关系如下:

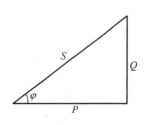

● 图 3-4-5 功率三角形

$$P = S\cos\varphi$$
$$Q = S\sin\varphi$$
$$\varphi = \arctan\frac{Q}{P}$$

功率三角形与电压三角形、阻抗三角形是3个相似直角三角形,其对应角 φ 相等、对应边成比例,所以仅仅从大小比较,有:

$$\varphi = \arctan\frac{Q}{P} = \arctan\frac{U_X}{U_R} = \arctan\frac{X}{R}$$

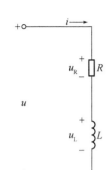

图 3-4-6　荧光灯电路

交流讨论 3-4-1　如图 3-4-6 所示,荧光灯电路可近似看作一个电阻与电感串联的 R、L 电路,灯管可看作电阻 $R=300\Omega$、镇流器可看作电感 $X_L=X=400\Omega$,已知荧光灯所加正弦交流电压 $u=220\sqrt{2}\sin(314t)$(V):
(1) 求电路中电流 I 的大小。
(2) 写出电流的瞬时表达式。
(3) 求电阻电压大小 U_R、电感电压大小 U_L。
(4) 求电路 $P、Q、S$ 以及功率因数 $\cos\varphi$。

解:(1) $|Z| = \sqrt{R^2 + X^2} = \sqrt{300^2 + 400^2} = 500(\Omega)$
$U = 220(\text{V})$

则
$$I = \frac{U}{|Z|} = \frac{220}{500} = 0.44(\text{A})$$

(2) 写 i 的瞬时表达式,需要三要素:
① $I = 0.44(\text{A})$
② $\omega = 314(\text{rad/s})$
③ 由题意知:$\varphi_u = 0$,又 $\varphi = \arctan\frac{X}{R} = \arctan\frac{400}{300} = 53°$

由 $\varphi = \varphi_u - \varphi_i$ 得:
$$\varphi_i = \varphi_u - \varphi = 0 - 53° = -53°$$

可写出电流瞬时表达式:
$$i = \sqrt{2}I\sin(\omega t + \varphi_i)$$
$$= 0.44\sqrt{2}\sin(314t - 53°)(\text{A})$$

(3) $U_R = IR = 0.44 \times 300 = 132(\text{V})$
$U_L = IX_L = 0.44 \times 400 = 176(\text{V})$

(4) $P = I^2 R = 0.44^2 \times 300 = 58.1(\text{W})$
$Q = I^2 X_L = 0.44^2 \times 400 = 77.4(\text{var})$
$S = I^2 |Z| = 0.44^2 \times 500 = 96.8(\text{VA})$

$$\cos\varphi = \frac{P}{S} = \frac{300}{500} = 0.6$$

或者另解：

先求 $\cos\varphi = \frac{P}{S} = \frac{R}{|Z|} = \frac{300}{500} = 0.6$，则 $\sin\varphi = 0.8$

$P = UI\cos\varphi = 220 \times 0.44 \times 0.6 = 58.1(\text{W})$

$Q = UI\sin\varphi = 220 \times 0.44 \times 0.8 = 77.4(\text{var})$

$S = UI = 220 \times 0.44 = 96.8(\text{VA})$

交流讨论 3-4-2 如图 3-4-7 所示，RLC 串联电路的电流 $i = 2\sqrt{2}\sin(314t)$ A，$R = 80\Omega$，$X_L = 170\Omega$，$X_C = 110\Omega$，求：

(1) 电路两端的电压 U 的有效值。

(2) 电路电压 u 的瞬时表达式。

(3) 电路电压和电流的相量式 $\dot{U}$ 与 $\dot{I}$，并画出相量图。

(4) R、L、C 各元件的电压大小。

(5) 电路有功功率 P、无功功率 Q、视在功率 S 及功率因数 $\cos\varphi$。

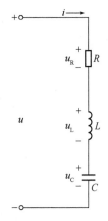

● 图 3-4-7 RLC 串联电路

解：(1) $|Z| = \sqrt{R^2 + (X_L - X_C)^2} = \sqrt{80^2 + (170-110)^2} = 100(\Omega)$

$U = I|Z| = 2 \times 100 = 200(\text{V})$

(2) 写 u 的瞬时表达式，需要三要素：

① $U = 200(\text{V})$。

② $\omega = 314(\text{rad/s})$。

③ 由题意知：$\varphi_i = 0$，又 $\varphi = \arctan\frac{X}{R} = \arctan\frac{170-110}{80} = 37°$

由 $\varphi = \varphi_u - \varphi_i$ 得：

$\varphi_u = \varphi_i + \varphi = 0 + 37° = 37°$

可写出电压瞬时表达式：

$$u = \sqrt{2}U\sin(\omega t + \varphi_u)$$
$$= 200\sqrt{2}\sin(314t + 37°)(\text{V})$$

(3) 选电流相量作为参考相量：

$$\dot{U} = U\angle\varphi_u = 200\angle 37°$$
$$\dot{I} = I\angle\varphi_i = 2\angle 0°$$

相量图如图 3-4-8 所示。

(4) $U_R = IR = 2 \times 80 = 160(\text{V})$

$U_L = IX_L = 2 \times 170 = 340(\text{V})$

$U_C = IX_C = 2 \times 110 = 220(\text{V})$

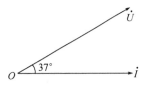

● 图 3-4-8 电压、电流相量图

$$(5) P = I^2 R = 2^2 \times 80 = 320(W)$$
$$Q = I^2(X_L - X_C) = 2^2 \times (170-110) = 240(var)$$
$$S = I^2|Z| = 2^2 \times 100 = 400(VA)$$
$$\cos\varphi = \frac{P}{S} = \frac{320}{400} = 0.8$$

单元 3-5 交流电路功率因数的提高

一、功率因数的概念

实际交流电路由很多元器件组成,其中有电阻等耗能元件,也有电感、电容等储能元件。电阻消耗的功率称为有功功率 P,电感、电容等储存元件用于交换的功率称为无功功率 Q,电路从交流电源征用的总功率称为视在功率 S。有功功率与视在功率的比值称为电路的功率因数,用 $\cos\varphi$ 表示,即

$$\cos\varphi = \frac{P}{S} \quad (3\text{-}5\text{-}1)$$

式(3-5-1)中,φ 称为功率因数角,φ 的大小等于阻抗三角形中的阻抗角,也等于交流电压与电流的相位差。

二、功率因数对电路的影响

功率因数 $\cos\varphi$ 的值为 0~1,$\cos\varphi$ 的值越大,表示有功功率在视在功率中所占比例越大,电路对电源功率的利用率越高。电路中含有大量电感性负载,导致功率因数太小,会对交流电源系统造成不利影响,所以我们需要提高交流电路的功率因数。

三、提高功率因数的意义

1. 提高电源设备的利用率

例如,一台电力变压器,额定电压 $U=10\text{kV}$,额定电流 $I=100\text{A}$,则其额定功率 $P_{额}=1000\text{kV}\cdot\text{A}$,此变压器实际能输出的功率受负载功率因素影响很大。若功率因数 $\cos\varphi=0.4$,则变压器输出的有功功率为 $P=P_{额}\cdot\cos\varphi=1000\times0.4=400\text{kW}$;若功率因数 $\cos\varphi=0.9$,则变压器输出的有功功率为 $P=P_{额}\cdot\cos\varphi=1000\times0.9=900\text{kW}$。

由此可见,同一台变压器设备,当功率因数从 0.4 提高到 0.9 时,则变压器输出的有功功率从 400kW 提升到 900kW。

2. 降低线路损耗和线路压降并提高传输效率

由 $\cos\varphi = \dfrac{P}{S} = \dfrac{P}{UI}$ 得:

$$I = \dfrac{P}{U\cos\varphi}$$

由上式看出,在传输功率和电压一定的情况下,线路电流 I 与功率因数 $\cos\varphi$ 成反比;功率因数 $\cos\varphi$ 越大,则线路电流 I 越小。

线路功率损耗 $P_{线} = I^2 R_{线}$、线路压降 $U_{线} = IR_{线}$,当 $R_{线}$(线路电阻)一定时,线路电流 I 越小,则 $P_{线}$ 和 $U_{线}$ 越小,从而提高线路传输效率和质量。

四、提高功率因数的方法

交流电路中,多数大型负载呈感性。例如,电力变压器、电动机等大型感性负载导致电路占用无功功率多,导致有功功率在总视在功率中占比小,功率因数偏低。利用电容性无功功率与电感性无功功率可以互相补偿这一特点,可以采用在感性负载两端并联适当电容器的方法进行无功功率补偿,提高功率因数。功率因数补偿电路如图 3-5-1 所示。

功率因数:

$$\cos\varphi = \dfrac{P}{S} = \dfrac{P}{\sqrt{P^2+Q^2}} = \dfrac{P}{\sqrt{P^2+(Q_L-Q_C)^2}}$$

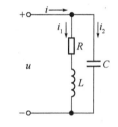

图 3-5-1 功率因数补偿电路

式中:Q_L——电感性负载的无功功率;
$\quad Q_C$——电容性负载的无功功率。

通过上式看出,在保持电路有功功率 P 不变的前提下,$(Q_L - Q_C)$ 越小,即 Q_C 越接近 Q_L,则功率因数越大。只要并联的电容适当,可以使 Q_C 更接近 Q_L,则功率因数更高,极大地提高了电路的功率因数。

补偿电容的定量计算:

$$C = \dfrac{P}{\omega U^2}(\tan\varphi_1 - \tan\varphi_2) \qquad (3\text{-}5\text{-}2)$$

式中:φ_1——补偿前的功率因数角,°;
$\quad \varphi_2$——补偿后的功率因数角,°;
$\quad P$——电路有功功率,W;
$\quad \omega$——电路角频率,rad/s;
$\quad U$——电路端电压,V。

单元 3-6
电路谐振

有电阻、电感、电容存在的交流电路中,电路总电压与总电流之间一般存在一个相位差,即 $\varphi = \varphi_u - \varphi_i \neq 0$。如果适当调整电路参数或电源频率,则可以使电路总电压与总电流同相位,即相位差 $\varphi = \varphi_u - \varphi_i = 0$,此时电路呈现纯电阻性,这种工作状态称为电路谐振。

电路谐振在多领域得到应用,如收音机、电视机以及电子测量设备等。但是,电路谐振时会在电路中某些元件上产生过高电压或过大电流,导致电路受损,所以我们应合理应用电路谐振。

根据谐振电路的组成结构,电路谐振分为串联谐振和并联谐振。

一、串联谐振

串联谐振电路图以及相量图,如图 3-6-1 所示。只要适当调整电路中电感 L、电容 C 以及电源频率 f 的值,就可以使电路中电感感抗 X_L 与电容容抗 X_C 相等,电路中总电压与总电流同相位,电路处于谐振状态。RLC 串联电路的谐振称为串联谐振。

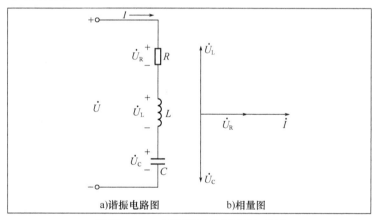

图 3-6-1　串联谐振电路图以及相量图

(1) 串联谐振的条件

$$X_L = X_C \qquad (3\text{-}6\text{-}1)$$

或

$$\omega L = \frac{1}{\omega C} \qquad (3\text{-}6\text{-}2)$$

此时电路呈现纯电阻性,所以电流与电压同相位。

(2) 串联谐振的频率

由式(3-6-2)得:

$$f = \frac{1}{2\pi\sqrt{LC}} \qquad (3\text{-}6\text{-}3)$$

此频率称为谐振频率,用 f_0 表示,即

$$f_0 = \frac{1}{2\pi\sqrt{LC}} \qquad (3\text{-}6\text{-}4)$$

谐振频率 f_0 只与电感 L、电容 C 有关,与电路中其他元件无关。当电路中 L、C 参数确定时,电路谐振频率 f_0 为一固定值,所以 f_0 又称为谐振电路的固有频率。

(3)串联谐振的特征

①总阻抗值 Z 最小,且 $Z = R$,电路中呈现纯电阻性,电路电流最大。

②电路电流与电压同相位。

③$U_L = U_C$,且相位相反;电路总电压等于电阻电压,即 $U = U_R$。

④电感电压 U_L 和电容电压 U_C 可能远远大于电路总电压 U,故串联谐振也称为电压谐振。

⑤$Q = \dfrac{U_L}{U} = \dfrac{X_L}{R}$。

式中,Q 为谐振电路的品质因数。实际电路中,Q 值一般较大。无线电领域通常提高 Q 值,更好地选择接收无线信号。

二、并联谐振

图 3-6-2 所示电路中,电容与电感属于并联连接,构成的电路谐振称为并联谐振。电路中 R、L、C 均为理想元件,而且 R 值较小,一般 $\omega L \gg R$。在此电路中,只要适当调整 L、C 的值和电源频率 f,就可以使电路中 $X_L = X_C$,电流与电压同相位,则电路产生并联谐振。

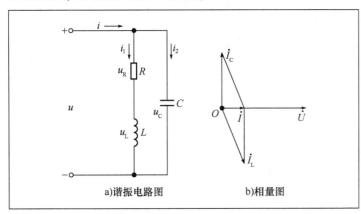

● 图 3-6-2 并联谐振电路图以及相量图

(1)并联谐振的条件:
$$X_L = X_C \tag{3-6-5}$$
或
$$\omega L = \frac{1}{\omega C} \tag{3-6-6}$$

(2)并联谐振的频率:
$$f_0 = \frac{1}{2\pi\sqrt{LC}} \tag{3-6-7}$$

(3)并联谐振的特征:
①电路阻抗最大,电流最小。
②电路呈纯电阻性,电流与电压同相位。
③电感电流与电容电流几乎大小相等,相位相反。
④各支路中电流远远大于总电流,所以又称为电流谐振。

实验6　正弦交流电路相量的研究

请同学们完成实验6正弦交流电路相量的研究,见教材实验实训手册。

单元知识网络

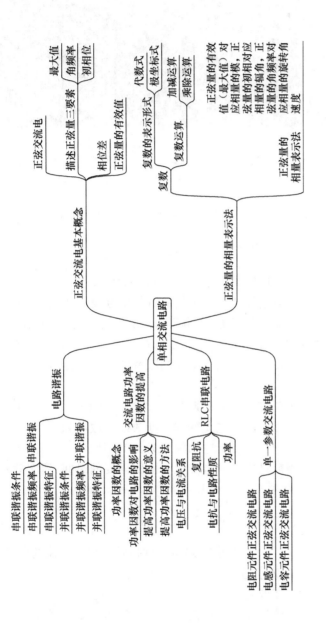

考证训练

班级：_____ 姓名：_____ 学号：_____ 成绩：_____

一、判断题（每题1分，计8分）

1. 串联电容器有减少电压损失的作用。（　　）
2. 工频电流比高频电流更容易引起皮肤灼伤。（　　）
3. 交流电是指方向不随时间做周期性变化，但大小可能不固定的电流。（　　）
4. 相位差是指两个不相同频率的正弦交流电的相位或初相位之差。（　　）
5. 正弦交流电的周期与角频率互为倒数。（　　）
6. 每秒内交流电交变的周期数或次数叫频率。（　　）
7. 我国正弦交流电的频率为50Hz。（　　）
8. 周期是指交流电变化一次所需要的时间，用 T 表示。（　　）

二、单选题（每题2分，计64分）

1. (　　) 是大小和方向随时间做周期性变化的电流。
   A. 交流电　　　　　B. 直流电
   C. 工频电流　　　　D. 变频电流
2. 正弦交流电是指按(　　)规律变化的交流电。
   A. 正弦　B. 正切　C. 余切　D. 线性
3. 不能用来表示正弦交流电变化快慢的物理量是(　　)。
   A. 速度　B. 周期　C. 频率　D. 角频率
4. 交流电流有效值的符号是(　　)。
   A. I　　　B. I_m　　　C. I_p　　　D. I_v

5. 我们使用的照明电压为220V,这个值是交流电的( )。
　　A. 有效值　　B. 最大值　　C. 恒定值
6. 在纯电阻电路中的电压与电流是( )的正弦量。
　　A. 同频率、同相位　　　　B. 同频率、不同相位
　　C. 不同频率、同相位　　　D. 不同频率、不同相位
7. 机床照明应采用额定电压为( )V 的照明灯。
　　A. 12　　　B. 36　　　C. 220　　　D. 380
8. 交流电路中电流比电压滞后90°,该电路属于( )电路。
　　A. 纯电阻　　B. 纯电感　　C. 纯电容
9. 确定正弦量的三要素为( )。
　　A. 相位、初相位、相位差
　　B. 最大值、角频率、初相角
　　C. 周期、频率、角频率
10. 下列现象中,可判定是接触不良的是( )。
　　A. 荧光灯启动困难
　　B. 灯泡忽明忽暗
　　C. 灯泡不亮
11. 在电路中,开关应控制( )。
　　A. 中性线　　B. 相线　　C. 地线
12. 在检查插座时,电笔在插座的两个孔均不亮,首先判断是( )。
　　A. 短路　　　　　　　B. 相线断线
　　C. 中性线断线
13. 照明每一回路配线容量不得大于( )。
　　A. 1kW　　B. 2kW　　C. 3kW　　D. 4kW
14. 照明线路熔断器的熔体的额定电流取线路计算电流的( )倍。
　　A. 0.9　　　B. 1.1　　　C. 1.5
15. 纯电容电路中电压与电流之间的相位关系是( )。
　　A. 电压与电流同相位
　　B. 电压超前电流90°
　　C. 电流超前电压90°
　　D. 电压超前电流60°
16. 纯电阻电路中,电压与电流之间满足( )。
　　A. 焦耳定律　　　　　B. 楞次定律
　　C. 欧姆定律　　　　　D. 法拉第定律
17. 从制造角度考虑,低压电器是指在交流50Hz、额定电压( )V 或直流额定电压1500V 及以下电气设备。
　　A. 400　　　B. 800　　　C. 1000

模块2　交流电路

18. 单相电能表接线时遵守( )的原则。
    A. 1、2 接电源,3、4 接负载
    B. 1、2 接负载,3、4 接电源
    C. 1、3 接电源,2、4 接负载
    D. 1、3 接负载,2、4 接电源

19. 单相三孔插座的上孔接( )。
    A. 中性线   B. 相线   C. 地线

20. 电能表是测量( )用的仪器。
    A. 电流   B. 电压   C. 电能

21. 根据交流电做功的多少作为衡量交流电大小的标准定义出来的量值就是交流电的( )。
    A. 瞬时值   B. 最大值   C. 有效值   D. 平均值

22. 根据线路电压等级和用户对象,电力线路可分为配电线路和( )线路。
    A. 动力   B. 照明   C. 送电

23. 判断照明线路是相线与中性线之间的漏电,还是相线与大地间的漏电,或者是两者兼而有之,通常均采用( )表检查。
    A. 电压   B. 万用   C. 电流   D. 漏电测试仪

24. 一般交流电压表所测的电压数值都是( )。
    A. 瞬时值   B. 最大值   C. 有效值   D. 平均值

25. 将交流电变成直流电的电路叫作( )电路。
    A. 放大   B. 整形   C. 振荡   D. 整流

26. 并联电力电容器的作用是( )。
    A. 降低功率因数   B. 提高功率因数
    C. 维持电流

27. 纯电容电路中电能和电场能相互转换的规模可用( )表示。
    A. 有功功率   B. 无功功率
    C. 总功率   D. 视在功率

28. 用( )来反映电源中电能和线圈中磁场能的相互转换。
    A. 有功功率   B. 无功功率
    C. 视在功率   D. 总功率

29. 在纯电感电路中,以下正确的是( )。
    A. 电压与电流同相位
    B. 电压滞后电流 90°
    C. 电压超前电流 90°
    D. 电压超前电流 60°

30. 对于感性负载,通常用( )的方法来提高电路的功率因数。

　　A. 串联适当的电容器
　　B. 串联适当的电阻
　　C. 并联适当的电阻
　　D. 并联适当的电容器

31. 我们把由于流过线圈本身的( )发生变化引起的电磁感应称为自感。

　　A. 电荷　　B. 电阻　　C. 电子　　D. 电流

32. 移相电容器的直接作用是并联在线路上提高线路的( )。

　　A. 电压　　　　　　B. 绝缘性能
　　C. 功率　　　　　　D. 功率因数

三、计算题(1、2题每题4分,3、4题每题10分,计28分)

1. 写出下列各正弦量对应的相量式,画出对应相量图(4分)

　　(1) $u = 220\sqrt{2}\sin(314t + 60°)$ V

　　(2) $u = 220\sqrt{2}\sin(314t - 30°)$ V

　　(3) $i = 10\sqrt{2}\sin(314t + 45°)$ A

　　(4) $i = 2\sqrt{2}\sin(314t)$ A

2. 根据下列各正弦量相量式,写出对应的瞬时表达式(4分)

　　(1) $\dot{U} = 220\angle 30°$ V

　　(2) $\dot{U}_m = 310\angle 60°$ V

　　(3) $\dot{I} = 10\angle 45°$ A

　　(4) $\dot{I}_m = 14.1\angle 0°$ A

3. 如图题6所示,电感 $L = 0.5$ H,电路中正弦交流电路 $i = 2\sqrt{2}\sin(314t - 60°)$ A,求:

　　(1) 电感两端电压 U_L 的大小以及电压 u 瞬时表达式;
　　(2) 写出电路中电压和电流的相量式;
　　(3) 画出电路中电压和电流的相量图;
　　(4) 电路有功功率 P 和无功功率 Q。

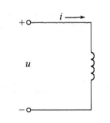

● 图题6　计算题3电路

4. 如图题7所示,电容元件 $C = 50\mu F$,两端正弦交流电压为 $u = 220\sqrt{2}\sin(314t - 30°)$ V,求:

　　(1) 流过电容电流的大小 I 以及电流的瞬时表达式;
　　(2) 电路中电压和电流的相量式;
　　(3) 画出电压和电流的相量图;
　　(4) 电路有功功率 P 和无功功率 Q。

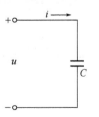

● 图题7　计算题4电路

单元 4
三相交流电路

【知识目标】
1. 了解三相正弦交流电的产生、特点。
2. 掌握三相交流电源的表示方式、相序、连接方式以及电压与电流之间的关系。
3. 掌握三相负载的星形连接方式、特点、电压与电流的关系。
4. 掌握三相负载的三角形连接方式、特点、电压与电流的关系。
5. 掌握三相负载的有功功率、无功功率、视在功率的求解方法。

【技能目标】
1. 能够正确连接三相电路。
2. 能够正确测量三相电路的电压、电流。
3. 能够正确使用电压表、电流表、万用表。

【素质目标】
1. 培养严谨求实的学习态度。
2. 培养民族自信心和自豪感。
3. 培养爱岗敬业精神。

【翻转课堂】
课前,教师安排学习任务,学生分成学习小组,小组课前充分学习讨论,预习本单元内容。课中,小组代表上台使用 PPT

● 内容结构

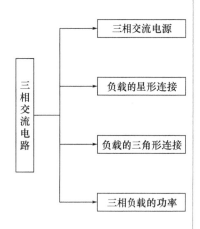

讲解本单元重点内容。讲解内容包括:三相电源概念;三相电源连接方式及特点;三相负载连接方式及特点。教师评价、答疑,通过交流讨论,突破难点内容。课后,学生完成作业并预习下次课内容,教师检查作业,掌握学生学习情况,为下次备课做准备。

单元 4-1 三相交流电源

一、三相交流电源概述

三相交流电源一般由三相交流发电机产生。三相交流发电机结构示意图如图 4-1-1 所示,三组相同绕组 U_1U_2、V_1V_2、W_1W_2 按一定规律分别安装在定子铁芯中,称为 U 相、V 相、W 相绕组,三组绕组在空间上相隔 120°。转子是绕有励磁绕组的磁极,当转子磁极在外力作用下旋转时,构成的磁场按正弦规律分布和变化,三相定子绕组依次切割磁力线,产生对应的正弦交流电动势,形成三相独立的正弦交流电源。三个电压幅值相等、频率相同、相位互差 120°电源,称为对称三相交流电源,如图 4-1-2 所示。

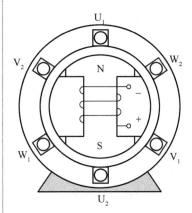

● 图 4-1-1 三相交流发电机结构示意图

二、对称三相交流电表示方式

对称三相交流电与单相正弦交流电表示方式类似,有四种常用表示方式。设三相交流电源电动势分别表示为 e_1、e_2、e_3,对应输出三相电压分别表示为 u_1、u_2、u_3。

1. 瞬时表达式

以三相交流电源的 U 相电压 u_1 为参考正弦量,各相电压的有效值均表示为 U_P,则有:

$$\begin{cases} u_1 = \sqrt{2}\,U_P\sin\omega t \\ u_2 = \sqrt{2}\,U_P\sin(\omega t - 120°) \\ u_3 = \sqrt{2}\,U_P\sin(\omega t + 120°) \end{cases} \quad (4\text{-}1\text{-}1)$$

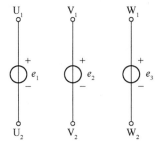

● 图 4-1-2 三相电动势

2. 波形图

对称三相电源电压幅值相等、频率相同、相位互差 120°,如图 4-1-3 所示。

3. 相量式

$$\begin{cases} \dot{U}_1 = U_P\angle 0° \\ \dot{U}_2 = U_P\angle -120° \\ \dot{U}_3 = U_P\angle +120° \end{cases} \quad (4\text{-}1\text{-}2)$$

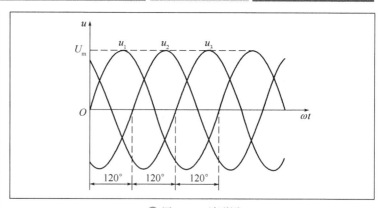

● 图 4-1-3 波形图

4. 相量图

相量图如图 4-1-4 所示。

三、对称三相交流电的相序

由图 4-1-3 所示波形图看到,三相交流电电压波形最大值出现的时刻不同。三相电压最大值出现的先后顺序称为对称三相交流电的相序。图 4-1-3 中三相电源的相序分别为 U_1—U_2—U_3(也写成 U—V—W),称为正序;如果其中任意两相交换则变成 U_3—U_2—U_1(也写成 W—V—U),称为逆序,后面学习中默认相序为正序。在三相异步电动机运行控制电路中,就是通过改变三相电源相序实现电动机正、反转的控制的。

四、三相交流电源的连接

三相交流电源有星形(Y)连接和三角形(△)连接两种方式。

1. 三相交流电源星形(Y)连接

如图 4-1-5 所示,把三相交流电源的负极(三相绕组尾端)连接一起,称为中性点,用 N 表示。从中性点引出的 N 线称为中心线,也称为中线、中性线。从三相交流电源 u_1、u_2、u_3 的正极(三相绕组首端)引出三条导线,称为相线或端线,俗称火线,常用 L_1、L_2、L_3 表示,其导线分别对应黄、绿、红三种颜色。电源这种连接方式称为三相四线制。

任意两条相线之间的电压统称为线电压 U_L,如 U_{12}、U_{23}、U_{31};相线与中性线之间的电压统称为相电压 U_P,如 U_1、U_2、U_3。

线电压与相电压之间瞬时值的关系如下:

$$\begin{cases} u_{12} = u_1 - u_2 \\ u_{23} = u_2 - u_3 \\ u_{31} = u_3 - u_1 \end{cases} \quad (4\text{-}1\text{-}3)$$

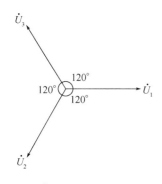

● 图 4-1-4 相量图

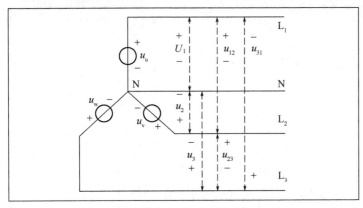

● 图 4-1-5　三相电源星形连接

线电压与相电压之间相量关系如式(4-1-4)所示。

$$\begin{cases} \dot{U}_{12} = \dot{U}_1 - \dot{U}_2 \\ \dot{U}_{23} = \dot{U}_2 - \dot{U}_3 \\ \dot{U}_{31} = \dot{U}_3 - \dot{U}_1 \end{cases} \quad (4\text{-}1\text{-}4)$$

对于对称三相电源，则 $U_1 = U_2 = U_3 = U_P$，$U_{12} = U_{23} = U_{31} = U_L$，线电压与相电压之间有效值关系为

$$U_L = \sqrt{3}\, U_P \quad (4\text{-}1\text{-}5)$$

由式(4-1-5)和图 4-1-6 可看出：线电压有效值 U_L 等于相电压有效值 U_P 的 $\sqrt{3}$ 倍，线电压的相位超前其对应相电压 30°。

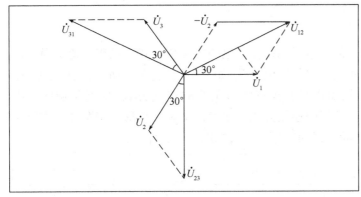

● 图 4-1-6　三相电源星形连接相量图

2. 三相交流电源三角形连接

三相交流电源的三角形连接方式如图 4-1-7 所示，三相电源的三个绕组首端与尾端依次相连，形成一个闭环回路，从每两个绕组的连接点向外引出 3 条相线，分别用 L_1、L_2、L_3 表示，这种连接方式称为三角形连接，又称三相三线制。此方式只能提供一种规格的电压，即线电压 U_L。

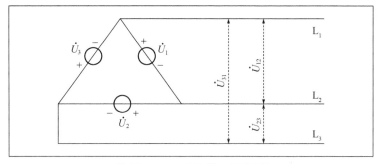

● 图 4-1-7 三相电源三角形连接

三角形连接时,线电压等于对应的相电压,即

$$U_{12} = U_1$$

$$U_{23} = U_2$$

$$U_{31} = U_3$$

若对称三相电源,则可统一写为

$$U_L = U_P$$

注意:三相交流电源三角形连接,若三相电源电压不对称或者电源绕组首尾顺序接错,会导致回路中产生很大环流,损坏设备。三相交流电源较少采用三角形连接方式。

单元 4-2
负载的星形连接

前面学习的是交流电源的连接方式。城市轨道交通领域主要面向的是用电负载,如牵引供电、车站动力照明、空调、通风等,所以我们重点学习负载的连接方式、特点及功率等内容。负载的连接方式有星形连接和三角形连接两种。本单元先学习负载的星形连接,如图 4-2-1 所示。

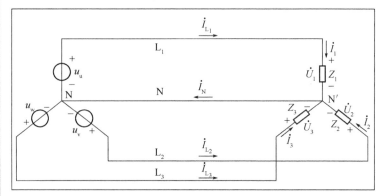

● 图 4-2-1 负载的星形连接

图 4-2-1 中,左侧为三相对称交流电源,连接成三相四线制;右侧为星形连接的三相负载。N'为负载中性点,$\dot{U}_1$、$\dot{U}_2$、$\dot{U}_3$ 为三相负载相电压,$\dot{I}_1$、$\dot{I}_2$、$\dot{I}_3$ 为负载相电流,$\dot{I}_{L_1}$、$\dot{I}_{L_2}$、$\dot{I}_{L_3}$ 为三条相线通过的电流,即线电流,$\dot{I}_N$ 是中性线电流。

一、电压、电流的基本关系

(1) 各相负载电压等于电源相电压,即

$$\dot{U}_1 = \dot{U}_U, \dot{U}_2 = \dot{U}_V, \dot{U}_3 = \dot{U}_W$$

(2) 各相负载电流可分别计算,即

$$\dot{I}_1 = \frac{\dot{U}_1}{Z_1}, \dot{I}_2 = \frac{\dot{U}_2}{Z_2}, \dot{I}_3 = \frac{\dot{U}_3}{Z_3}$$

(3) 各线电流等于对应各相负载电流,即

$$\dot{I}_{L_1} = \dot{I}_1, \dot{I}_{L_2} = \dot{I}_2, \dot{I}_{L_3} = \dot{I}_3$$

(4) 中性线电流等于三相电流之和,即

$$\dot{I}_N = \dot{I}_1 + \dot{I}_2 + \dot{I}_3$$

二、三相对称负载的星形连接

三相对称负载是指三相负载的阻抗 $|Z|$ 大小相等,且阻抗角 φ 大小相等。三相对称负载电路及相量图如图 4-2-2 所示。

三相负载相电压统一称为 U_P,相电流统一称为 I_P,线电压统一称为 U_L,线电流统一称为 I_L。

三相对称负载星形连接电路的特点:

(1) $U_L = \sqrt{3} U_P$,且线电压超前相电压 30°。
(2) $I_L = I_P$。
(3) $\dot{I}_N = \dot{I}_1 + \dot{I}_2 + \dot{I}_3 = 0$。

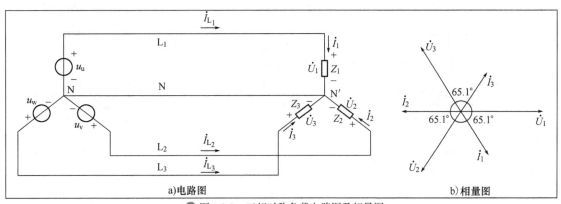

● 图 4-2-2 三相对称负载电路图及相量图

三、三相不对称负载的星形连接

实际电路中的三相负载大多是不对称的,现在分析三相不对称负载的工作情况,如图 4-2-3 所示。

图 4-2-3a)为三相不对称负载,且有中性线 N 的存在,使得三相负载电压大小相等且等于相电压,即 $U_1 = U_2 = U_3 = U_P = 220V$,各相负载均能正常工作。图 4-2-3b)为三相不对称负载,且中性线 N 不存在,若有一相负载短路,则其余两相负载电压变为 380V,不能正常工作,甚至烧坏负载或其他设备。图 4-2-3c)为三相不对称负载,且中性线 N 不存在,若有一相负载开路,则其余两相负载串联连接 380V 线电压;由于串联的两路负载不对称,致使两路负载分得的电压不均衡,可能有负载承受的电压大于 220V,超出负载额定电压值,导致电路和负载不能正常工作。

从以上分析可见中性线的重要性。在不对称三相负载星形连接电路中,中性线电流不等于零,中性线不能省略。中性线具有两大作用:

(1)可使三相负载获取两种独立规格的电压:线电压、相电压。

(2)使得原本不对称的三相负载获取对称的负载电压。

总之,在三相不对称负载电路中,中性线不仅不能省略,还应该选用机械强度大的中性线,中性线上不允许安装开关、熔断器等电路。

四、星形连接的常用形式

照明灯是交流电路中常见的负载,在连接照明灯负载时应遵循均衡的原则,将众多照明灯尽量对称地分为三组,分别接至三相电源上;三相电动机和三相电炉是对称负载,负载星形连接常用形式如图 4-2-4 所示。

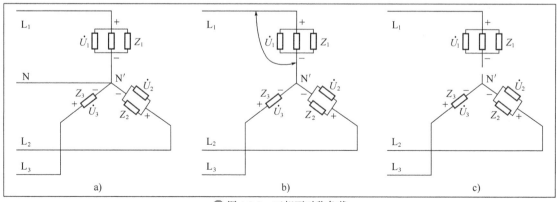

图 4-2-3 三相不对称负载

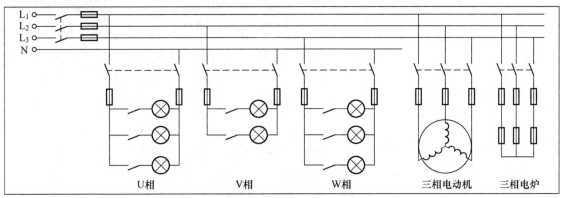

● 图 4-2-4 负载星形连接常用形式

交流讨论 4-2-1 已知三相正弦交流电源的相电压 $U_P = 220\text{V}$，星形连接的三相对称负载均为 $Z = (12+j16)\ \Omega$，如图 4-2-5 所示，求：

(1) 电源线电压的大小。
(2) 各相负载相电压的相量式。
(3) 各相负载相电流的相量式。
(4) 中性线电流相量式。
(5) 画出上述各相量式对应的相量图。

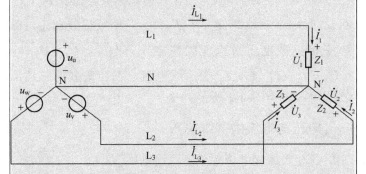

● 图 4-2-5 交流讨论 4-2-1 电路

解：(1) 电源线电压的大小：

$$U_L = \sqrt{3}\,U_P = \sqrt{3} \times 220 = 380(\text{V})$$

(2) 三相负载对称，相电压大小：

$$U_1 = U_2 = U_3 = U_P = 220(\text{V})$$

取 $\dot{U}_1$ 为参考相量，则：

$$\dot{U}_1 = 220\angle 0(\text{V})$$
$$\dot{U}_2 = 220\angle -120°(\text{V})$$
$$\dot{U}_3 = 220\angle +120°(\text{V})$$

(3) $Z = 12 + j16 = 20\angle 53°$

$$\dot{I}_1 = \frac{\dot{U}_1}{Z} = \frac{220\angle 0°}{20\angle 53°} = 11\angle -53°(A)$$

$$\dot{I}_2 = \frac{\dot{U}_2}{Z} = \frac{220\angle -120°}{20\angle 53°} = 11\angle -173°(A)$$

$$\dot{I}_3 = \frac{\dot{U}_3}{Z} = \frac{220\angle 120°}{20\angle 53°} = 11\angle 67°(A)$$

(4) 因为三相负载对称,所以：

$$\dot{I}_N = 0$$

(5) 各相量式对应的相量图,如图 4-2-6 所示。

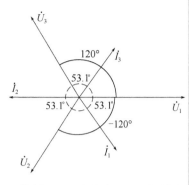

● 图 4-2-6　交流讨论 4-2-1 相量图

单元 4-3
负载的三角形连接

三相负载的三角形连接电路如图 4-3-1 所示。三相负载 Z_1、Z_2、Z_3 分别连接在两相线之间,不用中性线,构成三线三相制。三相电源电路省略,只简化画出三相负载连接示意图。Z_1、Z_2、Z_3 表示三相负载,$\dot{I}_1$、$\dot{I}_2$、$\dot{I}_3$ 表示三相负载分别流过的电流,三相负载电压对应 3 组线电压,即 $\dot{U}_1 = \dot{U}_{12}$、$\dot{U}_2 = \dot{U}_{23}$、$\dot{U}_3 = \dot{U}_{31}$；$\dot{I}_{L_1}$、$\dot{I}_{L_2}$、$\dot{I}_{L_3}$ 表示线电流。三相负载的三角形连接常用形式如图 4-3-2 所示。

一、电压与电流的基本关系

(1) 各相负载相电压等于电源线电压,即

$$U_P = U_L$$

相量形式：

$$\dot{U}_1 = \dot{U}_{12}, \dot{U}_2 = \dot{U}_{23}, \dot{U}_3 = \dot{U}_{31} \quad (4-3-1)$$

(2) 各相负载电流：

$$\dot{I}_1 = \frac{\dot{U}_1}{Z_1}, \dot{I}_2 = \frac{\dot{U}_2}{Z_2}, \dot{I}_3 = \frac{\dot{U}_3}{Z_3} \quad (4-3-2)$$

(3) 各相线电流：

$$\dot{I}_{L_1} = \dot{I}_1 - \dot{I}_3, \dot{I}_{L_2} = \dot{I}_2 - \dot{I}_1, \dot{I}_{L_3} = \dot{I}_3 - \dot{I}_2 \quad (4-3-3)$$

二、三相对称负载的三角形连接

三相对称负载的三角形连接电路,如图 4-3-3 所示。三相对称负载的三角形连接电路的特点：

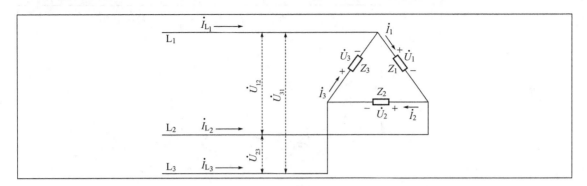

● 图 4-3-1 三相负载的三角形连接电路

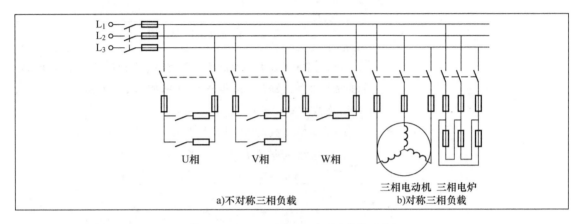

a) 不对称三相负载 b) 对称三相负载

● 图 4-3-2 三相负载的三角形连接常用形式

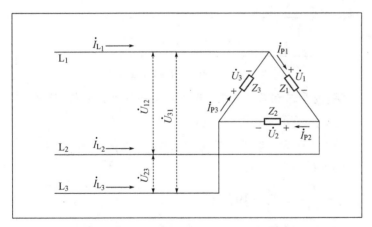

● 图 4-3-3 三相对称负载的三角形连接电路

(1) 负载相电压等于线电压,即 $U_P = U_L$。

(2) 线电流等于负载相电流的 $\sqrt{3}$ 倍,即 $I_L = \sqrt{3} I_P$。

(3) 三相对称负载三角形连接时电压与电流的相量图,如图 4-3-4 所示。

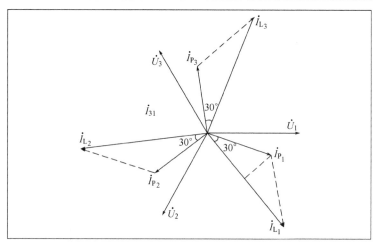

● 图 4-3-4　相量图

交流讨论 4-3-1　如图 4-3-5 所示，三相对称负载 Z 以三角形连接方式接到三相正弦交流电源上，电源线电压 $U_L = 380V$，负载 $Z = (16 + j12)\Omega$。求：

(1) 各相负载的相电压大小 U_P，相电流大小 I_P。

(2) 电源线电流 I_L。

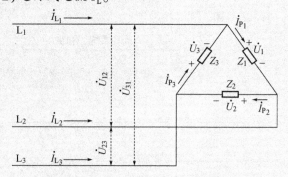

● 图 4-3-5　交流讨论 4-3-1 电路

解：因为三相负载对称，可归纳为一路进行分析、计算：

$|Z| = \sqrt{16^2 + 12^2} = 20(\Omega)$

(1) 因为三相负载做三角形连接，所以：

$U_P = U_L = 380(V)$

$I_P = \dfrac{U_P}{|Z|} = \dfrac{380}{20} = 19(A)$

(2) 电源线电流：

$I_L = \sqrt{3} I_P = \sqrt{3} \times 19 = 32.9(A)$

三、三相不对称负载的三角形连接

做三角形连接的三相不对称负载，其各相负载的电压对称，且等于电源线电压，即 $U_P = U_L$。即使三相负载的某一相开路,其余两相负载仍加载正常电压,负载仍能正常工作。三相不对称负载的电流不对称,可以根据式(4-3-2)计算出各相电流。

单元4-4 三相负载的功率

无论是星形连接还是三角形连接,三相负载的总功率都是各相功率之和,总功率的大小与三相负载的连接方式(星形或者三角形)无关。各相功率的计算方法与单相交流电路的功率计算方法相同。下列关于三相负载功率的计算公式同时适用于三相负载星形连接和三角形连接。

一、三相不对称负载的功率

1. 有功功率 P

三相负载总的有功功率等于各相负载有功功率之和,即

$$P = P_1 + P_2 + P_3$$

2. 无功功率 Q

三相负载总的无功功率等于各相负载的无功功率之和,即

$$Q = Q_1 + Q_2 + Q_3$$

3. 视在功率 S

三相负载总的视在功率:

$$S = \sqrt{P^2 + Q^2}$$

注意:三相负载总的视在功率不等于各相负载视在功率之和,即

$$S \neq S_1 + S_2 + S_3$$

二、三相对称负载的功率

三相对称负载电路中,各相负载的相电压、相电流大小相等,所以各相负载的有功功率相同、无功功率相同、功率因数相同,分别表示为:P_P、Q_P、$\cos\varphi$,则三相负载总有功功率 P、无功功率 Q、视在功率 S 分别等于:

$$P = 3P_P = 3U_P I_P \cos\varphi$$
$$Q = 3Q_P = 3U_P I_P \sin\varphi$$
$$S = 3U_P I_P$$

或

$$S = \sqrt{P^2 + Q^2}$$

在实际电路中,三相负载的线电压和线电流比较方便测量和获取,故上述功率常用下面的公式进行计算:

$$P = \sqrt{3}\,U_L I_L \cos\varphi$$
$$Q = \sqrt{3}\,U_L I_L \sin\varphi$$
$$S = \sqrt{3}\,U_L I_L$$

交流讨论 4-4-1 某地铁站照明电路采用220V正弦交流供电系统。三组照明灯连接成三相对称星形连接,每组照明灯的阻抗为 $Z = (8 + j6)\,\Omega$。求:三相负载总的有功功率 P、无功功率 Q、视在功率 S。

解: $U_P = 220(\text{V})$

$|Z| = \sqrt{8^2 + 6^2} = 10(\Omega)$

$I_L = I_P = \dfrac{U_P}{|Z|} = \dfrac{220}{10} = 22(\text{A})$

$\varphi = \arctan\dfrac{X}{R} = \arctan\dfrac{6}{8} = 37°$

$P = 3 U_P I_P \cos\varphi = 3 \times 220 \times 22 \times \cos 37° = 11596(\text{W})$

$Q = 3 U_P I_P \sin\varphi = 3 \times 220 \times 22 \times \sin 37° = 8738(\text{var})$

$S = 3 U_P I_P = 3 \times 220 \times 22 = 14520(\text{VA})$

实验

实验7 三相交流电路电压、电流的测量

请同学们完成实验7三相交流电路电压、电流的测量,见教材实验实训手册。

▎单元知识网络

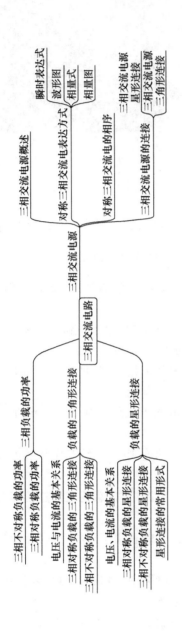

模块2 交流电路 89

考证训练

班级：_____ 姓名：_____ 学号：_____ 成绩：_____

一、判断题（每题1分，计11分）

1. 成套装置中导线颜色的规定，交流三相电路的2相用红色线。（　　）

2. 对称的三相电源是由振幅相同、初相依次相差120°的正弦电源连接组成的供电系统。（　　）

3. 交流电能表分单相、三相两种。三相电能表分为三相两元件和三相四元件电能表。（　　）

4. 三相交流电源引入线采用W、V、W加阿拉伯数字1、2、3标记。（　　）

5. 在三相电源的连接中，相线与中线的电压称为线电压。（　　）

6. 在三相交流电路中，负载为星形连接时，其相电压等于三相电源的线电压。（　　）

7. 三相两元件电能表用于三相三线制线路或三相设备电能的测量。（　　）

8. 在三相交流电路中，负载为三角形连接时，其相电压等于三相电源的线电压。（　　）

9. 对三相四线制供电，规定在中线干线上不允许安装熔断器和开关设备。（　　）

10. 对于三相负载的连接方式，应该选择星形还是三角形连接，根据是：选择的连接方式应保证每相负载实际获得的电压等于其额定电压。（　　）

11. 三相四线制供电线路，中性线不允许安装开关或熔断

器等,其原因是:一旦中性线断开,三相不对称负载承受的电压不对称,导致设备不能正常工作,甚至损坏设备。(   )

二、单选题(每题2分,计54分)

1. 成套装置中导线颜色的规定,交流三相电路的1相用(   )。
   A. 黄色   B. 绿色   C. 浅蓝色   D. 褐色

2. 对称三相负载做星形连接时,线电流和相电流之间的关系是(   )。
   A. 线电流等于相电流
   B. 线电流不大于相电流
   C. 线电流不小于相电流
   D. 线电流不等于相电流

3. 交流10kV母线电压是指交流三相三线制的(   )。
   A. 线电压   B. 相电压
   C. 线路电压

4. 三相对称负载接成星形时,三相总电流(   )。
   A. 等于零
   B. 等于其中一相电流的三倍
   C. 等于其中一相电流

5. TT系统是指(   )的三相四线制低压配电系统。
   A. 电源中性点接地,电气设备的金属外壳也接地
   B. 电源中性点接地,电气设备的金属外壳不接地
   C. 电源中性点不接地,电气设备的金属外壳直接接地
   D. 电源中性点不接地,电气设备的金属外壳也不接地

6. IT系统是指(   )的三相三线制低压配电系统。
   A. 电源中性点接地,电气设备的金属外壳也接地
   B. 电源中性点不接地,电气设备的金属外壳直接接地
   C. 电源中性点接地,电气设备的金属外壳不接地
   D. 电源中性点不接地,电气设备的金属外壳也不接地

7. 爆炸危险场所的接地较一般场所要求高,必须执行三相(   )线制。
   A. 三   B. 五   C. 四   D. 六

8. 成套装置中导线颜色的规定,交流三相电路的接地线为(   )。
   A. 黄色   B. 黄和绿双色
   C. 浅蓝色   D. 褐色

9. 三相四线制的中性线的截面积一般(   )相线截面。
   A. 大于   B. 小于   C. 等于

模块2 交流电路 91

10. 三相交流电路中,A相用( )标记。
　　A. 红色　　B. 黄色　　C. 绿色

11. 在三相电路的功率计算中,三相电路的总功率应该( )各相功率之和,这是计算三相电路功率总的原则。
　　A. 大于　　B. 等于　　C. 小于　　D. 不等于

12. 在三相电源的连接中,任意两相线之间的电压称为( )。
　　A. 相电压　B. 线电压　C. 低电压　D. 高电压

13. 在三相对称交流电源星形连接中,线电压超前于所对应的相电压( )°。
　　A. 120　　B. 30　　C. 60

14. 在易燃、易爆危险场所,供电线路应采用( )方式供电。
　　A. 单相三线制,三相四线制
　　B. 单相三线制,三相五线制
　　C. 单相线制,三相五线制

15. 中性点接地的供电系统中,每台设备的接零连接线,必须分别与( )相连,禁止互相串联。
　　A. 接地干线　　　　B. 接零干线
　　C. 接零支线　　　　D. 接地支线

16. 中性点直接接地的380/220V三相四线制系统,广泛使用( )作为防止间接触电的保护措施。
　　A. 保护接地　　　　B. 保护接零
　　C. 绝缘保护　　　　D. 安全电压

17. 按国际和我国标准,( )线只能用作保护接地或保护接中性线。
　　A. 黑色　　B. 蓝色　　C. 黄绿双色

18. 成套装置中导线颜色的规定,交流三相电路的中性线用( )。
　　A. 黄色　　B. 绿色　　C. 浅蓝色　D. 褐色

19. 保护线(接地或接中性线)的颜色按标准应采用( )。
　　A. 蓝色　　B. 红色　　C. 黄绿双色

20. 三相三线制380V电源供电的电气设备,应选用( )三级式漏电保护装置。
　　A. 一级式　　　　　B. 二级式
　　C. 三级式　　　　　D. 四级式

21. 成套装置中导线颜色的规定,交流三相电路的3相用( )。
　　A. 黄色　　B. 绿色　　C. 浅蓝色　D. 红色

22. 对称三相电源三角形连接时,线电压为380V,则相电压为( )V。
   A. 140   B. 220   C. 311   D. 380

23. 三相对称负载星形连接,线电压是相电压的( )倍。
   A. $\sqrt{2}$ B. $\sqrt{3}$ C. 1

24. 三相对称负载三角形连接,线电压是相电压的( )倍。
   A. $\sqrt{2}$ B. $\sqrt{3}$ C. 1

25. 三相不对称负载星形连接,则供电线路应该采用( )
   A. 三相四线制   B. 三相三线制
   C. 均可

26. 三相四线制电源能提供几种规格的电压?( )
   A. 两种   B. 三种   C. 一种

27. 三相负载星形连接,中性线能否省略?( )
   A. 能
   B. 不能
   C. 三相负载对称时可以省略

三、计算题(1、2题每题10分,3题15分,计35分)

1. 如图题8所示,三相对称电源星形连接,电源频率 $f=50\text{Hz}$,相电压 $U_\text{P}=220\text{V}$,以 u_1 为参考量:

   (1)写出三相相电压的瞬时表达式 u_1、u_2、u_3;

   (2)写出三相相电压的相量式,并画出相量图。

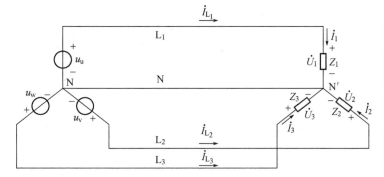

● 图题8　计算题1电路

2. 如图题9所示,三相对称负载三角形连接,$Z_1=Z_2=Z_3=Z=(80+\text{j}60)\Omega$,电路正常工作时电压表读数为380V,求:

   (1)电路正常工作时,线电流 I_{L_1}、I_{L_2}、I_{L_3};相电流 I_{P_1}、I_{P_2}、I_{P_3}。

(2)负载 Z_3 开路时,相电流 I_{P_1}、I_{P_2}、I_{P_3}。

(3)相线 L_3 开路时,相电流 I_{P_1}、I_{P_2}、I_{P_3}。

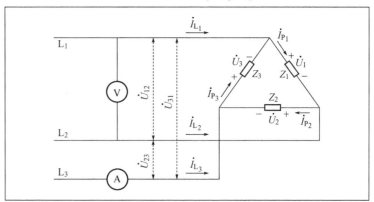

图题9 计算题2电路

3.某车站照明系统共有荧光灯 210 盏,每盏荧光灯 $Z = (60 + j80)\Omega$,所有荧光灯均匀分为 3 组星形连接在三相四线制电源,线电压 380V,求:

(1)三相负载的相电流 I_1、I_2、I_3。

(2)三相负载的线电流 I_{L_1}、I_{L_2}、I_{L_3}。

(3)电路有功功率 P、无功功率 Q、视在功率 S。

模块 3 电工技术应用

人类学会利用电能是社会发展的一个重要里程碑,此后人们不断探索、研究有关电的基本规律,并尝试将电应用和服务社会。随着科学技术的发展,电工技术日臻成熟和完善,广泛而且深入地渗透、应用在社会各领域,推动社会文明的快速进步。

模块 1 与模块 2 分别介绍了直流电路和交流电路的基础理论与分析方法,模块 3 以电磁铁与变压器、电动机、安全用电等三个单元为载体,侧重介绍电工技术应用。

【本模块重点】

磁路基本概念和定律;电磁铁结构原理;变压器结构原理;变压器的功能;三相异步电动机结构与原理;三相异步电动机铭牌参数;三相异步电动机的机械特性;三相异步电动机启动、制动、调速;三相异步电动机正反转控制。

【本模块难点】

磁路基本定律;变压器原理与功能;三相异步电动机结构与原理;三相异步电动机铭牌参数;三相异步电动机的机械特性;三相异步电动机启动、制动、调速;三相异步电动机正反转控制。

【建议学时】

18 学时

单元 5
电磁铁与变压器

【知识目标】
1. 熟悉电与磁的关系以及电磁转换的基本原理。
2. 掌握电磁铁的基本结构、原理及应用。
3. 掌握变压器的基本结构、工作原理。
4. 掌握变压器的变换作用及应用,变换电压、变换电流、变换阻抗。

【技能目标】
1. 能够正确认知变压器。
2. 能够正确使用变压器。

【素质目标】
1. 培养严谨求实的学习态度。
2. 培养创新能力。

【翻转课堂】
　　课前,教师安排学习任务,学生分成学习小组,各小组课前充分学习讨论,预习本单元内容。课中,小组代表上台使用PPT讲解本单元重点内容。讲解内容包括:磁路相关概念及定律;电磁铁结构、原理及应用;变压器原理及作用。教师评价、答疑,通过交流讨论,突破难点内容。课后,学生完成作业并预习下次课内容,教师检查作业,掌握学生学习情况,为下次备课做准备。

● 内容结构

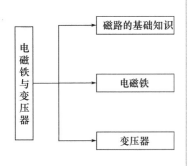

单元 5-1 磁路的基础知识

一、磁场与磁路

1. 磁场

天然磁体和通电导线均可以在其周围产生磁场,所谓磁场就是磁体对周围施加影响的空间范围。除了磁场之外,我们在物理学科中学习过电场、重力场等。为了方便地分析、描述磁场,引入磁力线的概念。磁力线本身不存在,是人们假想的闭合曲线;磁力线的疏密程度表示该处磁场的强弱,磁力线上某点切线方向代表该点磁场的方向。

2. 磁路

采用导磁性能良好的磁性材料构成闭合路径,可以更高效地引导磁能集中在磁性材料闭合路径中传导,这样的闭合路径称为磁路,如图 5-1-1 所示。其实磁路本身就是磁场的一种特殊形式,引导磁场高效传输。

二、磁场的基本物理量

1. 磁通

在垂直于磁力线的某截面内通过的磁力线总量称为磁通,用 Φ 表示。磁通的国际单位为韦[伯],用 Wb 表示。

2. 磁感应强度

在垂直于磁力线方向的单位面积内通过的磁通称为磁感应强度,用 B 表示。磁感应强度是一个矢量,其国际单位为特斯拉,简称特,用 T 表示。其计算公式如下:

$$B = \frac{\Phi}{S} \qquad (5\text{-}1\text{-}1)$$

式中:Φ——磁通,Wb;

S——垂直于磁力线方向的面积,m^2。

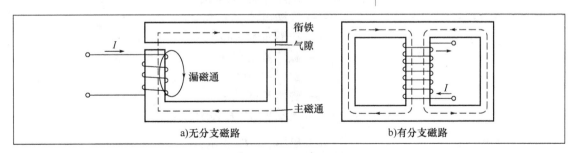

● 图 5-1-1 磁路示意图

模块3 电工技术应用

3. 磁场强度

磁感应强度受周围不同磁介质的影响,给磁场的分析和计算带来不便,为了更准确地分析、计算磁场,引入磁场强度这个物理量,用 H 表示。磁场强度是矢量,其方向与磁感应强度的方向一致,其大小等于磁感应强度与磁导率的比值。磁场强度的国际单位为安每米,用 A/m 表示。其计算公式如下:

$$H = \frac{B}{\mu} \tag{5-1-2}$$

式中:B——磁感应强度,T;

μ——磁导率,H/m。

磁场强度与磁感应强度的区别:磁场强度只与产生该磁场的电流以及电流分布情况有关,与磁介质无关;而磁感应强度不仅与产生该磁场的电流有关,还与磁介质有关。

4. 磁导率

磁导率是描述磁介质导磁性能的物理量,用 μ 表示。磁导率的国际单位为亨每米,用 H/m 表示。不同介质的磁导率不同,真空的磁导率是恒定的,用 μ_0 表示,$\mu_0 = 4\pi \times 10^{-7}$ H/m。其他介质的磁导率 μ 与真空磁导率 μ_0 的比值称为该介质的相对磁导率,用 μ_r 表示,即

$$\mu_r = \frac{\mu}{\mu_0} \tag{5-1-3}$$

三、磁路欧姆定律

磁路由磁性材料构成,其导磁性能远远大于磁场周围的空气或其他物质,所以绝大多数磁通沿着磁路传导,漏磁通可忽略不计,如图 5-1-2 所示。通过分析和验证,磁路中的磁通 Φ 与线圈电流 I、线圈匝数 N、磁路截面积 S、磁路磁导率 μ 成正比,与磁路长度 L 成反比,即

$$\Phi = \frac{INS\mu}{L} = \frac{IN}{\frac{L}{S\mu}} = \frac{F}{R_m} \tag{5-1-4}$$

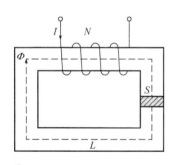

● 图 5-1-2 磁路欧姆定律示意图

式中:Φ——磁路总磁通,Wb;

I——线圈电流,A;

N——线圈匝数,匝;

S——磁路截面积,m²;

μ——磁导率,H/m;

L——磁路长度,m;

IN——磁动势,用 F 表示,A;

$\frac{L}{S\mu}$——磁阻,用 R_m 表示,H⁻¹。

式(5-1-4)称为磁路欧姆定律,与电路中欧姆定律 $I=\dfrac{E}{R}$ 对应。

四、磁性材料

1. 磁性材料的概念

不同物质的导磁性能不同,其中有些物质导磁性能非常好,适合做磁路材料,普遍应用于电磁铁、变压器、电机等电气设备,这一类导磁性能良好的材料称为磁性材料,也称为铁磁材料。常用的磁性材料有钢(铁)、钴、镍等。

2. 磁性材料的磁性能

在磁场作用下,磁性材料会呈现出与普通材料不同的磁性能。

(1)高导磁性

磁性材料内部存在许多小的磁性单元,称为磁畴。没有外磁场作用时,这些磁畴随机排列,磁畴产生的磁场相互抵消,磁性材料对外不呈现磁性;有外磁场作用时,在外磁力作用下磁畴顺着外磁场方向整齐排列,磁性材料对外呈现出强磁性,具有明显的导磁性能,如图 5-1-3 所示。在外磁场作用下,磁性材料从不呈现磁性到呈现磁性的过程称为磁化。

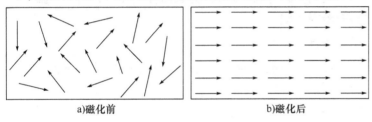

● 图 5-1-3　磁性材料的磁化

(2)磁饱和性

磁性材料磁化过程中,磁性材料呈现的磁性随外磁场的增强而增强。当外磁场增强到某一值时,磁性材料呈现的磁性几乎不再随外磁场变化,这种现象称为磁饱和性。磁饱和性是磁性材料的一种磁化特性。在磁化过程中,磁性材料的磁感应强度以及磁导率随外磁场强度的变化曲线如图 5-1-4 所示。磁感应强度的变化过程大体分为以下几个阶段:

①oa 段:磁化初始阶段,磁畴开始有序排列,磁感应强度变化较平缓。

②ab 段:快速磁化阶段,磁感应强度几乎随磁场强度线性增加。

③bc 段:后磁化阶段,大部分磁畴完成有序排列,磁感应强度增加缓慢。

④c 点以后阶段：全部磁畴完成有序排列，磁性材料的磁感应强度几乎不变，达到饱和状态。

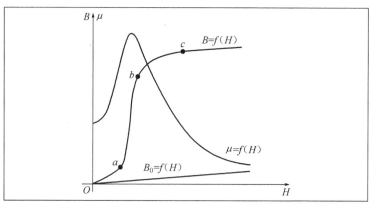

图 5-1-4 磁化曲线

（3）磁滞性

磁性材料被外磁场磁化后，当外磁场强度逐渐减弱时，磁感应强度的减弱总是滞后于外磁场强度；当外磁场强度减弱到零时，磁性材料的磁感应强度并未回到零值而是剩余一部分磁感应强度，称为剩磁。当外磁场强度向相反方向变化产生反向磁场时，磁性材料的剩磁才能消失。磁性材料在交变磁场作用下反复磁化时，其磁感应强度的变化总是滞后于外磁场强度的变化，这种现象称为磁滞性。图 5-1-5 所示为磁性材料的磁滞回线。

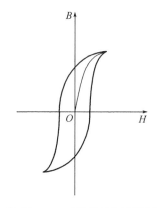

图 5-1-5 磁性材料的磁滞回线

3. 磁性材料的类型

磁性材料一般分为三种类型，不同磁性材料的磁性能不完全相同。

（1）软磁材料

有一些磁性材料，容易磁化也容易退磁，这些磁性材料称为软磁性材料。其磁滞回线窄、剩磁少。软磁材料主要有硅钢、铁镍合金、铸铁等，一般应用于电机、电磁铁、变压器等设备的铁芯。

（2）硬磁材料

另有一些磁性材料，磁化慢，退磁也慢，称为硬磁材料。其磁滞回线宽、剩磁多。硬磁材料主要有钨钢、铬钢、钴钢等。其一般应用于永久磁铁、仪表、扬声器、永磁电机等。

（3）矩磁材料

还有一些比较特殊的磁性材料，只需要很弱的外磁场就可以使磁性材料磁化饱和，而且撤去外磁场后其感应强度基本保持不变，这些材料称为矩磁材料。其磁滞回线接近矩形。矩磁材料主要有锰镁铁氧体、锂镁铁氧体等，常用于计算机、数字设备、控制系统等储存单元。

单元 5-2 电磁铁

一、电磁铁的结构和工作原理

1. 结构

电磁铁就是内部装有铁芯的通电螺旋管。电磁铁由线圈、铁芯、衔铁三部分组成。线圈缠绕在铁芯上,衔铁在电磁力作用下可以移动,铁芯和衔铁一般由软磁材料构成。实际应用中,为了更好地适应不同应用场所,电磁铁的形状、大小等各有不同,如图 5-2-1 所示。

2. 工作原理

铁芯外侧缠绕的线圈通过电流时产生电磁力,当电磁力大于弹簧作用力时,衔铁向着铁芯方向移动;当线圈中电流小于某值或电流消失时,电磁力小于弹簧力,衔铁在弹力作用下返回原来的释放位置。在电磁力和弹簧力作用下,衔铁完成预期动作。电磁铁是将电能转换为机械能的一种电磁装置。为了让铁芯的磁性更强,通常将铁芯制成条形或 U 形。

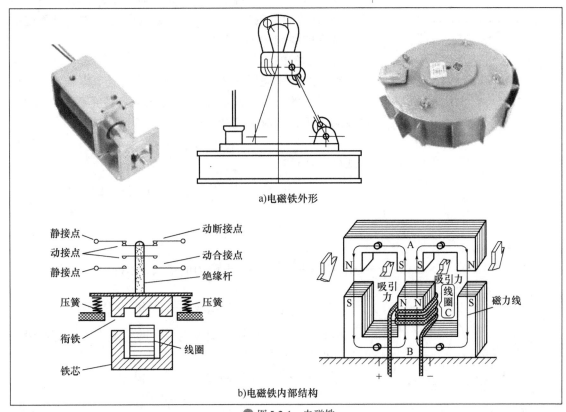

图 5-2-1 电磁铁

二、电磁体的分类

按照不同分类标准,电磁铁可分为不同类型。其中,按照铁芯线圈所通电流不同,电磁铁分为直流电磁铁和交流电磁铁。

(1)直流电磁铁

直流电磁铁的励磁电流 I 是直流电,即电流 I 的大小、方向均恒定;同时线圈匝数 N 固定,所以铁芯线圈产生的磁动势 $F = IN$ 固定不变。但是随着衔铁被吸合,衔铁与铁芯之间的空气隙间减小,当衔铁被完全吸合后,空气间隙基本上消失,则电磁铁和衔铁构成的磁路的磁阻 R_m 变得非常小。由磁路欧姆定律 $\Phi = \dfrac{INS\mu}{L} = \dfrac{IN}{\dfrac{L}{S\mu}} = \dfrac{IN}{R_m}$ 知:磁通 Φ 变得很大。励磁电流产生的电磁力 F 与空气隙磁通 Φ 以及空气隙有效面积 S 有关,即

$$F = \frac{10^7}{8\pi} \frac{\Phi^2}{S} \tag{5-2-1}$$

式中:Φ——空气隙磁通,Wb;
   S——空气隙有效面积,m^2。

吸合过程中,空气隙有效面积基本不变,由式(5-2-1)可知:电磁铁吸合后的电磁力远大于吸合前电磁力。直流电磁铁的特性曲线如图 5-2-2 所示。

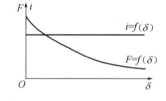

图 5-2-2 直流电磁铁的特性曲线

(2)交流电磁铁

铁芯线圈中通以交流电的电磁铁称为交流电磁铁。正弦交流电磁铁的电流以及电流产生的磁通均按正弦规律变化。设线圈中正弦交流电流产生的磁通为 Φ,则

$$\Phi = \Phi_m \sin\omega t \tag{5-2-2}$$

由式(5-2-1)得:

$$F = \frac{10^7}{8\pi} \frac{\Phi^2}{S} = \frac{10^7}{8\pi} \frac{\Phi_m^2}{S} \sin^2\omega t = F_m \left(\frac{1-\cos 2\omega t}{2} \right)$$

$$= \frac{1}{2}F_m - \frac{1}{2}F_m \cos 2\omega t \tag{5-2-3}$$

式中:$F_m = \dfrac{10^7}{8\pi} \dfrac{\Phi_m^2}{S}$——电磁力的最大值,N;

   $\Phi_m = \dfrac{E}{4.44fN}$——磁通最大值,Wb。

由式(5-2-3)可看出,交流电磁铁的电磁力 F 在零与最大值之间变化,如图 5-2-3 所示。

交流电磁铁产生电磁力 F 的平均值为

$$F = \frac{1}{2}F_m = \frac{10^7}{16\pi} \frac{\Phi_m^2}{S} \tag{5-2-4}$$

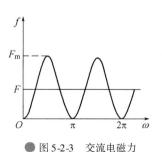

图 5-2-3 交流电磁力

交流电磁铁的匝数 N 不变,且交流电源的频率 f 和电压有效值 U 不变,由 $\varPhi_\mathrm{m} = \dfrac{E}{4.44fN} \approx \dfrac{U}{4.44fN}$ 可知:基本 $\varPhi_\mathrm{m}$ 保持不变;将 $\varPhi_\mathrm{m}$ 代入式(5-2-4)可得:交流电磁铁产生电磁力的平均值基本不变。

交流电磁铁的特性曲线如图 5-2-4 所示。

交流电磁铁具有以下特性:

①与直流电磁铁的电磁力不同,交流电磁铁的电磁力平均值在吸合过程中基本保持不变。

②交流电磁铁吸合后的励磁电流小于吸合前的励磁电流。

③交流电磁铁应避免过度频繁操作。

④交流电磁铁比直流电磁铁结构复杂、价格高,但是交流电磁铁需要的交流电源获取方便,所以交流电磁铁应用较多。

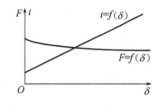

● 图 5-2-4 交流电磁铁的特性曲线

单元 5-3 变压器

变压器是电路中常用的电工设备。变压器利用电磁感应原理,将交流电从某一电压值变换到另一电压值,以满足电路对交流电不同电压值的需要。变压器不仅能变换电压值,还能变换电流值和阻抗值。

一、变压器的基本结构

实际应用中的变压器存在不同的结构,但总的来说,小型变压器主要由铁芯和绕组两部分组成,大型变压器除了铁芯和绕组外还有冷却系统,如图 5-3-1 所示。

a)油浸式变压器　　　　　b)铁芯和绕组

● 图 5-3-1 变压器

1. 铁芯

铁芯由铁磁材料构成,是变压器磁路部分。为了减小铁芯造成的损耗,实际应用中铁芯由多层薄硅钢片组成,硅钢片之间涂有绝缘漆,这样能有效地减小涡流损耗和磁滞损耗。根据对变压器的不同需要,变压器铁芯可做成多种样式,如图 5-3-2 所示。

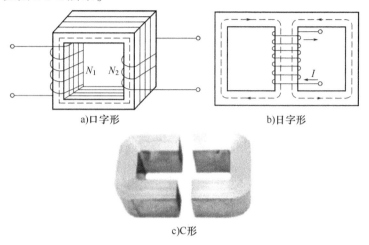

● 图 5-3-2　变压器铁芯样式

2. 绕组

绕组是变压器的电路部分,一般用漆包铜线在铁芯上绕制而成,绕组匝与匝之间、绕组与铁芯之间均绝缘。变压器一般有两组绕组(也可以有多组绕组),接电源的一侧(或者输入电压的一侧)绕组称为一次绕组,也称为原绕组或初绕组;接负载的一侧(或者输出电压的一侧)绕组称为二次绕组,也称为副绕组或次绕组,如图 5-3-3 所示。

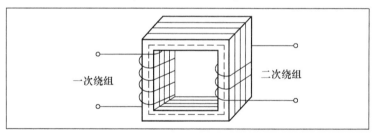

● 图 5-3-3　变压器绕组

3. 冷却系统

变压器工作时会产生功率损耗,使变压器温度升高,影响变压器的正常运行,严重时还会导致电力事故,所以应妥善处理功率损耗问题和冷却降温问题。导致损耗的原因主要有铜损耗和铁损耗。漆包铜线绕制而成的绕组存在电阻,所以绕组工作时会产生损耗,这部分损耗由铜线产生,故称为铜损耗,简称铜损,用 P_{Cu} 表示。

变压器工作时铁芯会产生涡流损耗和磁滞损耗,这部分损耗由铁芯产生,故称为铁损耗,简称铁损,用 P_{Fe} 表示。铁损包括涡流损耗和磁滞损耗。

信号电路中的变压器或者电力电路中的小型变压器热损耗小，可采用自然风冷方式，由流动空气降温。电力电路大中型变压器热损耗大，自然风冷方式不能使变压器有效降温。中型变压器一般采用油冷方式，即将变压器浸入油箱，通过冷却油的对流循环降温。大型变压器通过油泵强制冷却液循环，以达到更好的冷却降温效果。

二、变压器的工作原理

变压器最基本的工作原理就是电磁感应原理。如图5-3-4a)所示，设变压器一次侧绕组的匝数为 N_1，交变电压为 u_1，交变电流为 i_1，产生的感应电动势为 e_1；二次侧绕组匝数为 N_2，产生的感应电动势 e_2，输出电压为 u_2，输出电流为 i_2。当变压器一次侧绕组 N_1 加上交变电压 u_1 时，产生的磁动势为 i_1N_1，磁动势产生的磁通 Φ_1 通过铁芯形成的闭合磁路在绕组 N_2 内产生感应电动势。如果二次侧接有负载 Z，则二次侧电流 i_2 产生的磁动势 i_2N_2 也在磁路内产生磁通 Φ_2。磁通 Φ_1 与 Φ_2 在磁路中叠加形成主磁通 Φ。漏磁通很小，可以忽略不计。主磁通 Φ 沿着闭合磁路穿过二次绕组产生电动势 e_2，电动势 e_2 输出电压 u_2 给负载，将一次侧的交变电压 u_1 变换为二次侧的交变电压 u_2。变压器的符号如图5-3-4b)所示。

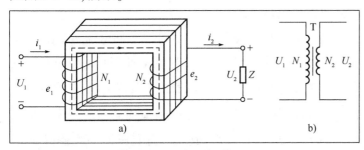

● 图5-3-4 变压器工作原理

三、变压器的变换作用

1. 变压器变换电压

如图5-3-5所示，e_1、e_2 对应的电动势有效值分别为 E_1、E_2，u_1、u_2 对应的电压有效值分别为 U_1、U_{20}，且

$$U_1 \approx E_1 = 4.44fN_1\Phi_m \quad (5\text{-}3\text{-}1)$$
$$U_{20} \approx E_2 = 4.44fN_2\Phi_m \quad (5\text{-}3\text{-}2)$$

式中：U_1——一次侧交流电压有效值，V；
U_{20}——二次侧开路电压有效值，V；
f——交流电的频率，Hz；
N_1——一次侧绕组匝数，匝；

N_2——二次侧绕组匝数,匝;
Φ_m——磁路中主磁通最大值,Wb。

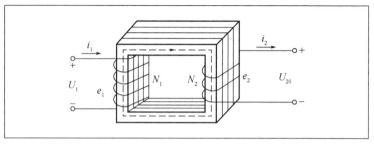

图 5-3-5　变压器变换电压

由式(5-3-1)和式(5-3-2)得：

$$\frac{U_1}{U_{20}} = \frac{N_1}{N_2} = K \tag{5-3-3}$$

式(5-3-3)表明：变压器一次侧电压 U_1 与二次侧电压 U_{20} 之比等于一次侧绕组 N_1 与二次侧绕组 N_2 之比,称为变压器的变比,用 K 表示。这就是变压器的变压作用。

(1)若 $K > 1$,则变压器降压。
(2)若 $K < 1$,则变压器升压。
(3)若 $K = 1$,则变压器既不降压也不升压,但是可以将一次侧绕组与二次侧绕组电气隔离,称为隔离变压器。

2. 变压器变换电流

如图 5-3-6 所示,变压器空载时二次侧电流 $I_2 = 0$；一次侧电流 I_0 称为空载电流,其值很小,可忽略不计。变压器空载运行时总磁动势为 $\dot{I}_0 N_1$；当变压器接上负载 Z 时,二次侧产生电流 I_2,一次侧电流从 I_0 增加到 I_1,有载时总磁动势为 $\dot{I}_1 N_1 + \dot{I}_2 N_2$。由 $U_1 \approx E_1 = 4.44 f N_1 \Phi_m$ 知：当变压器一次侧外加电压有效值 U_1、频率 f、一次侧绕组匝数 N 不变时,主磁通 Φ_m 基本不变,因此变压器空载时磁动势与有载时磁动势基本相等,即

$$\dot{I}_0 N_1 = \dot{I}_1 N_1 + \dot{I}_2 N_2 \tag{5-3-4}$$

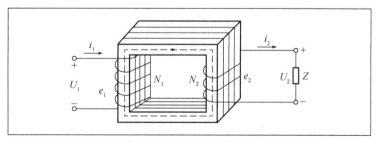

图 5-3-6　变压器变换电流

因为 i_0 很小，其产生的磁动势近似为零，式(5-3-4)写成有效值大小的表达式为

$$\frac{I_1}{I_2} \approx \frac{N_2}{N_1} = \frac{1}{K} \qquad (5\text{-}3\text{-}5)$$

式(5-3-5)看出，变压器具有变换电流作用，变压器额定工作状态下，I_1 与 I_2 之比等于变比 K 的倒数。

> **交流讨论 5-3-1** 如图 5-3-6 所示，变压器一次侧绕组匝数 $N_1 = 1000$ 匝，二次侧绕组匝数 $N_2 = 100$ 匝，$U_1 = 220\text{V}$，负载 $Z = 100\Omega$。求：U_2、I_1、I_2，输入功率 P_1、输出功率 P_2。
>
> **解**：(1) 由 $\dfrac{U_1}{U_2} = \dfrac{N_1}{N_2}$ 得：
>
> $U_2 = \dfrac{N_2}{N_1} U_1 = \dfrac{100 \times 220}{1000} = 22(\text{V})$
>
> (2) $I_2 = \dfrac{U_2}{Z} = \dfrac{22}{100} = 0.22(\text{A})$
>
> (3) 由 $\dfrac{I_1}{I_2} \approx \dfrac{N_2}{N_1}$ 得：
>
> $I_1 = \dfrac{N_2}{N_1} I_2 = \dfrac{100 \times 0.22}{1000} = 0.022(\text{A})$
>
> (4) $P_1 = U_1 I_1 = 220 \times 0.022 = 4.84(\text{W})$
>
> $P_2 = U_2 I_2 = 22 \times 0.22 = 4.84(\text{W})$

3. 变压器变换阻抗

如图 5-3-7 所示，变压器负载为 Z，变压器二次侧负载的大小为 $|Z|$，变压器一次侧负载的大小相当于多大呢？假设负载 Z 等效到一次侧的等效负载大小为 $|Z'|$，则

$$|Z'| = \frac{U_1}{I_1} = \frac{KU_2}{\dfrac{I_2}{K}} = K^2 \frac{U_2}{I_2} = K^2 |Z| \qquad (5\text{-}3\text{-}6)$$

式(5-3-6)说明，二次侧负载 Z 等效变换到一次侧时，其等效负载大小为 $K^2|Z|$。

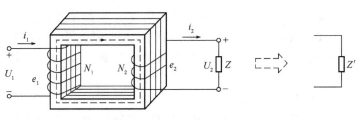

● 图 5-3-7 变压器变换阻抗

交流讨论 5-3-2 如图 5-3-7 所示,某地铁站广播系统的音频功率放大器输出电压为 U_1,U_1 接在音箱变压器一次侧,音箱变压器变比 $K=10$,音箱变压器二次侧接有阻抗 $Z=8\Omega$ 的扬声器。求:扬声器阻抗 Z 等效到音箱变压器一侧时,其等效阻抗大小为 $|Z'|$。

解:由式(5-3-6)得:
$$|Z'|=K^2|Z|=10^2 \times 8 = 800(\Omega)$$

四、变压器参数

变压器是常用的电工设备之一,可以应用在电力电路中进行能量传输,也可以应用在信息电路中完成信息传递,在应用变压器时应根据实际应用环境选用合适的变压器参数。

1. 变压器的效率

变压器运行时会产生一定的损耗,包括绕组产生的铜损耗 P_{Cu} 和铁芯产生的铁损耗 P_{Fe}。铜损耗 P_{Cu} 随绕组电流的变化而变化,当变压器负载变化时,绕组电流会发生变化,从而影响铜损耗随负载变化,铜损耗又称为可变损耗。理论上,变压器空载时绕组电流为零,故铜损耗 $P_{Cu}=0$。铁损由铁芯中的主磁通产生,而主磁通基本不随负载大小而变化,所以铁损又称为固定损耗。

由于变压器运行时产生损耗,所以变压器运行时存在效率问题。设变压器输入功率为 P_1、输出功率为 P_2、损耗功率分别为 P_{Cu} 和 P_{Fe},则变压器的效率 η 表示为

$$\eta = \frac{P_2}{P_1} \times 100\% = \frac{P_2}{P_2+P_{Cu}+P_{Fe}} \times 100\% \quad (5\text{-}3\text{-}7)$$

由式(5-3-7)看出:空载时 $P_2=0$,则 $\eta=0$,这时效率最低。随着负债增加,效率也增加,当负载增加到某值时效率会达到最大值,然后效率随负载增加而开始下降。变压器效率随负载变化的曲线如图 5-3-8 所示。

2. 变压器额定值

变压器满载情况下能保持长期正常运行的状态称为额定运行状态,变压器额定运行时各项主要电量值称为变压器额定值。变压器额定值一般以铭牌方式标示在变压器外壳上或产品说明书中,选用变压器时应认真识别和正确解读额定值。

(1)额定电压 U_{1N}、U_{2N}

额定电压 U_{1N} 表示变压器能长期运行时一次侧绕组所施

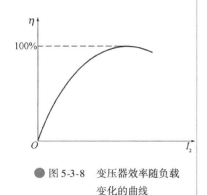

图 5-3-8 变压器效率随负载变化的曲线

加的交流电压有效值,额定电压 U_{2N} 表示变压器一次侧施加电压 U_{1N} 时二次侧电压有效值。

(2)额定电流 I_{1N}、I_{2N}

额定电流 I_{1N} 表示变压器长期正常运行时一次侧绕组电流有效值,额定电流 I_{2N} 表示变压器长期正常运行时二次侧绕组电流有效值。

(3)额定容量 S_N

变压器二次侧额定电压 U_{2N} 与二次侧额定电流 I_{2N} 的乘积称为变压器额定容量,用 S_N 表示,$S_N = U_{2N}I_{2N}$。单位为伏安(VA)或千伏安(kVA)。S_N 反映了变压器传递电功率的能力。

(4)额定频率 f_N

额定频率 f_N 指变压器正常工作所施加的交流电频率。我国电力系统中交流电的频率是50Hz。

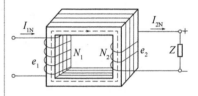

● 图 5-3-9　交流讨论 5-3-3 图

交流讨论 5-3-3　如图 5-3-9 所示,某变压器额定容量 $S_N = 5000\text{VA}$,额定电压 $U_{1N}/U_{2N} = 10000\text{V}/220\text{V}$,一次侧绕组匝数 $N_1 = 2000$ 匝。求:额定电流 I_{1N}、I_{2N} 和变压器二次侧绕组匝数 N_2。

解:由 $S_N = U_{2N}I_{2N}$ 得:

$$I_{2N} = \frac{S_N}{U_{2N}} = \frac{5000}{220} = 22.7(\text{A})$$

由 $\frac{U_{1N}}{U_{2N}} = K, \frac{I_{1N}}{I_{2N}} = \frac{1}{K}$ 得:

$$\frac{U_{1N}}{U_{2N}} = \frac{I_{2N}}{I_{1N}}$$

则:

$$I_{1N} = \frac{U_{2N}}{U_{1N}}I_{2N} = \frac{220}{10000} \times 22.7 = 0.5(\text{A})$$

由 $\frac{U_{1N}}{U_{2N}} = \frac{N_1}{N_2}$ 得:

$$N_2 = \frac{U_{2N}}{U_{1N}}N_1 = \frac{220}{10000} \times 2000 = 44(\text{匝})$$

实验

实验8　单相铁芯变压器特性的测试

请同学们完成实验8单相铁芯变压器特性的测试,见教材实验实训手册。

单元知识网络

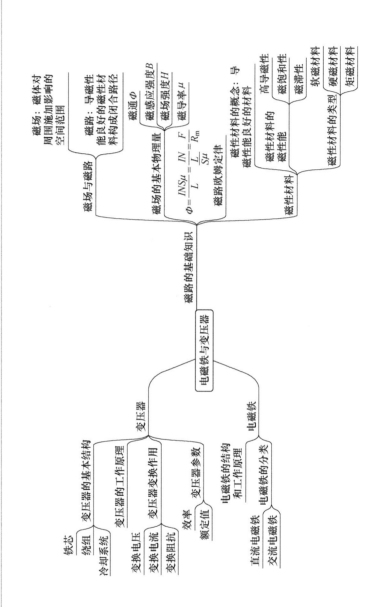

考证训练

班级：_____ 姓名：_____ 学号：_____ 成绩：_____

一、判断题（每题 1 分，计 26 分）

1. 安全电压照明变压器使用双圈变压器，也可用自耦变压器。（   ）

2. 避雷器与变压器之间的电气间隙越大越好。
（   ）

3. 电流继电器一般并联在被控电路中。（   ）

4. 对于避雷器、变压器等电气设备安装后，可不用再进行耐压实验。（   ）

5. 过电流继电器，当电路出现故障、电流超过某一整定值时，过电流继电器动作，切断电路。（   ）

6. 频率的自动调节补偿是热继电器的一个功能。
（   ）

7. 热继电器的热脱扣器是常用的短路保护装置。
（   ）

8. 热继电器的双金属片由一种热膨胀系数不同的金属材料碾压而成。（   ）

9. 使用万用表电阻挡能够测量变压器的线圈电阻。
（   ）

10. 接触器电磁铁噪声过大。（   ）

11. 中间继电器的动作值与释放值可调节。（   ）

12. 中间继电器实际上是一种动作与释放值可调节的电压继电器。（   ）

13. 安全电源应采用安全隔离变压器的电源。（   ）

14. 安装在室外地上的变压器,需要屏护保护。（　　）

15. 变压器围栏上应有"止步,高压危险!"的明显标志。
（　　）

16. 电动机采用自耦变压器降压启动,启动时将电源接至自耦变压器高压侧,电动机接自耦压器的低压侧。（　　）

17. 电动式时间继电器的延时时间不受电源电压波动及环境温度变化的影响。（　　）

18. 电流和磁场密不可分,磁场总是伴随着电流而存在,而电流永远被磁场所包围。（　　）

19. 电压太高将导致电气设备的铁芯磁通增大和照明线路电流增大。（　　）

20. 凡经过互感器接入的电度表,其读数要乘以互感器的变比。（　　）

21. 时间继电器的文字符号为KT。（　　）

22. 速度继电器主要作用于电动机反接制动,所以也称为反接制动继电器。（　　）

23. 通用继电器是可以更换不同性质的线圈,从而将其制成各种继电器。（　　）

24. 在电压低于额定值的一定比例后能自动断电的称为欠压保护。（　　）

25. 长延时的电磁式过电流继电器,适用于过载保护。
（　　）

26. 我们把由于流过线圈本身的电流发生变化引起的电磁感应称为自感。（　　）

二、单选题（每题2分,计74分）

1. 电磁力的大小与导体的有效长度成(　　)。
    A. 正比　　B. 反比　　C. 不变

2. 楞次定律说,感生电流产生的磁场总是阻碍原磁通的变化,因此(　　)。
    A. 用楞次定律可以判断感生电流的方向
    B. 用楞次定律可以判断感生电流的大小
    C. 用楞次定律可以判断感生电动势的大小
    D. 用楞次定律可以判断感生电功率的大小

3. 载流导体在磁场中将会受到(　　)的作用。
    A. 电磁力　　B. 磁通　　C. 电动势

4. 在均匀磁场中,通过某一平面的磁通为最大时,这个平面就和磁力线(　　)。
    A. 平行　　B. 垂直　　C. 斜交

5. 安培定则也叫( )。
   A. 左手定则　　　　B. 右手定则
   C. 右手螺旋法则

6. 当直导体在磁场中做相对运动、导体运动方向和磁力线方向夹角为( )时,产生的感生电动势最大。
   A. 0°　　B. 45°　　C. 90°　　D. 180°

7. 电磁感应是指( )的磁场在导体中产生电动势的现象。
   A. 不变　　B. 稳定　　C. 变动　　D. 不规则

8. 感生电流的磁场方向总是和原磁通变化趋势( )。
   A. 相同　　B. 一致　　C. 相反　　D. 相对应

9. 感应电流的方向总是使感应电流的磁场阻碍引起感应电流的磁通变化,这一定律称为( )。
   A. 法拉第定律　　　　B. 特斯拉定律
   C. 楞次定律

10. 线圈中感生电动势的大小与线圈中磁通的变化速度成正比,称为法拉第电磁感应定律,因此( )。
    A. 用法拉第电磁感应定律可以判断感生电流的方向
    B. 用法拉第电磁感应定律可以判断感生电动势的方向
    C. 用法拉第电磁感应定律可以判断感生电动势的大小
    D. 用法拉第电磁感应定律可以判断感生电压的大小

11. ( )系统主要用于低压公用用户,即用于未装备配电变压器,从外面引进低压电源的小型用户。
    A. TT　　B. IT　　C. TN　　D. NT

12. 安全电压必须由( )降压获得。
    A. 双绕组变压器　　B. 自耦变压器
    C. 电阻串联　　　　D. 电阻并联

13. 电压继电器使用时,其吸引线圈直接或通过电压互感器( )在被控电路中。
    A. 并联　　　　　　B. 串联
    C. 串联或并联

14. 利用( )来降低加在定子三相绕组上的电压的启动叫自耦降启动。
    A. 自耦变压器　　B. 频敏变压器
    C. 电阻器

15. 利用交流接触器做欠压保护的原理是当电压不足

时,线圈产生的( )不足,触头分断。
　　A. 磁力　　B. 涡流　　C. 热量
16. 热继电器的整定电流为电动机额定电流的( )%。
　　A. 100　　B. 120　　C. 130
17. 热继电器的保护特性与电动机过载特性贴近,是为了充分发挥电机的( )能力。
　　A. 过载　　B. 控制　　C. 节流
18. 为减小涡流带来的不良影响,铁芯常采用涂有绝缘漆的( )叠制而成。
　　A. 硅钢片　B. 铁氧体　C. 钨钢　　D. 钴钢
19. 照明灯需用安全电压时,应采用( )降压获得。
　　A. 双绕组变压器　　B. 电阻串联
　　C. 自耦变压器　　　D. 电阻并联
20. 电流继电器使用时,其吸引线圈直接或通过电流互感器( )在被控电路中。
　　A. 并联　　B. 串联　　C. 串联或并联
21. 交流接触器的额定工作电压是指在规定条件下,能保证电器正常工作的( )电压。
　　A. 最低　　B. 最高　　C. 平均
22. 交流接触器的机械寿命是指不带负载的操作次数,一般达( )。
　　A. 10万次以下　　　B. 600万至1000万次
　　C. 10000万次以上
23. 接触器电磁铁噪声过大,( )。
　　A. 线圈烧毁或断线　B. 短路环断裂
　　C. 过负荷　　　　　D. 剩磁过大
24. 接触器吸引线圈在线路电压低于额定值的( )时则应可靠地释放。
　　A. 50%　　B. 40%　　C. 30%　　D. 20%
25. 欠电压继电器用于电路欠电压保护,当电路电压下降到某一定值,一般为( )U_N以下时,欠电压继电器就会动作。
　　A. 20%~50%　　　　B. 30%~50%
　　C. 25%~40%　　　　D. 50%~65%
26. 热继电器使用时要将( )。
　　A. 常开触点串联在主电路中
　　B. 常闭触点串联在控制电路中
　　C. 常开触点串联在控制电路中
　　D. 常闭触点并联在控制电路中

27. 在电机和变压器等有铁芯线圈的设备中,通入交流电时,在铁芯中会产生( )。
   A. 自感   B. 涡流   C. 互感   D. 电火花
28. 通电线圈产生的磁场方向不但与电流方向有关,而且与线圈( )有关。
   A. 长度   B. 绕向   C. 体积
29. 在电力控制系统中,使用最广泛的是( )式交流接触器。
   A. 气动   B. 电磁   C. 液动
30. 安全变压器的一次侧和二次侧应该( )。
   A. 接地   B. 接零
   C. 装熔断器   D. 装短路开关
31. 避雷器与变压器之间的电气间隙越小越好,一路进线者,该距离不得超过( )m。
   A. 10   B. 13   C. 15   D. 18
32. 不同线路或设备对绝缘阻值有不同的要求,电力变压器投入运行之前,绝缘电阻不低于出厂时的( )。
   A. 40%   B. 50%   C. 70%   D. 80%
33. 各种变压器和电动机基本上都是利用( )原理工作的。
   A. 自感   B. 互感
   C. 涡流   D. 电容充放电
34. 交流接触器的电寿命约为机械寿命的( )倍。
   A. 10   B. 1   C. 1/20
35. 热继电器具有一定的( )自动调节补偿功能。
   A. 时间   B. 频率   C. 温度
36. 交流接触器中短路环的作用是( )。
   A. 减小短路电流   B. 减小短路火花
   C. 降低心温度   D. 减轻振动和噪声
37. 直导体中产生的感生电动势方向用( )定则判断最简单。
   A. 安培   B. 左手
   C. 右手螺旋   D. 右手

单元 6
三相异步电动机

【知识目标】
1. 熟悉三相异步电动机的基本结构。
2. 了解三相异步电动机的工作原理。
3. 掌握三相异步电动机的机械特性与铭牌数据。

【技能目标】
1. 能够正确认知三相异步电动机。
2. 能够正确使用与维护三相异步电动机。

【素质目标】
1. 培养勇攀科技高峰的学习精神。
2. 培养专注的工匠精神。

【翻转课堂】
　　课前,教师安排学习任务,学生分成学习小组,各小组课前充分学习讨论,预习本单元内容。课中,小组代表上台使用PPT讲解本单元重点内容。讲解内容包括:三相异步电动机结构;三相异步电动机铭牌参数;三相异步电动机应用。教师评价、答疑,通过交流讨论,突破难点内容。课后,学生完成作业并预习下次课内容,教师检查作业,掌握学生学习情况,为下次备课做准备。

● 内容结构

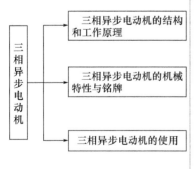

单元 6-1
三相异步电动机的结构和工作原理

一、三相异步电动机的结构

三相异步电动机主要由两部分构成:定子和转子。定子是指固定不动的部分,转子是指在电源作用下能转动的部分。图 6-1-1 所示为三相异步电动机的外观与结构示意图。

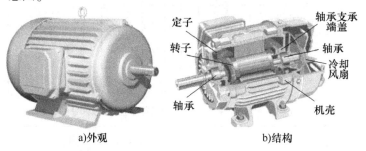

● 图 6-1-1 三相异步电动机的外观和结构示意图

1. 定子

三相异步电动机的定子主要包括三部分:定子铁芯、定子绕组和机座,如图 6-1-2 所示。

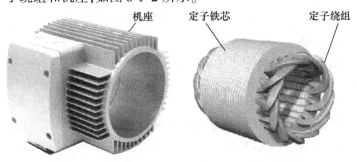

● 图 6-1-2 三相异步电动机的定子

定子铁芯是电动机磁路部分,由硅钢片叠加而成,镶嵌在机座内壁上。定子铁芯内侧分布着均匀的轴向直槽,用于嵌入定子绕组,如图 6-1-3 所示。

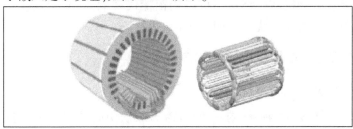

● 图 6-1-3 三相异步电动机定子铁芯与绕组

模块3 电工技术应用 117

定子绕组是电动机电路部分,由漆包线绕制而成。分成三组嵌入定子铁芯内侧的直槽,三组之间相互间隔120°。三组绕组的首、末端分别连接到接线盒中的6个接线端子上,并标注为 U_1—U_2、V_1—V_2、W_1—W_2。根据不同的应用要求,三相定子绕组可以通过接线端子的不同连接方式连接成星形或者三角形两种。如图6-1-4所示。

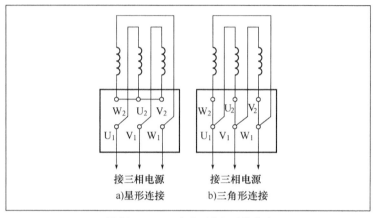

● 图6-1-4　三相定子绕组连接方式

机座一般由铸铁或铸钢构成,是电动机的支架。用于固定和支撑定子铁芯及定子绕组,同时通过轴承承载转子部分,基座还有散热的作用。

2. 转子

三相异步电动机的转子主要包括三部分:转子铁芯、转子绕组和转轴。

转子铁芯由硅钢片叠加而成,呈圆柱形,并且转子铁芯与转轴固定在一起。转子铁芯与定子铁芯以及二者之间的空气间隙共同组成电动机的磁路。转子铁芯圆柱形外表面均匀分布着条状直槽,用于安放和固定转子绕组。

转子绕组有两种结构形式:笼型和绕线型。绕线型转子异步电动机结构复杂、成本高、难维护,应用较少;但是凭借其较好的启动和调速性能,可以应用在一些特殊场合。笼型转子绕组由嵌入在转子铁芯直槽内的铜棒构成,且铜棒两端分别焊接固定在两个端环上,形状像笼子,故称为笼型转子。笼型异步电动机转子绕组也可以用铝棒代替铜棒,或者直接用铝液浇注成笼型绕组。如图6-1-5所示。

二、三相异步电动机的工作原理

1. 基本工作原理

如图6-1-6所示,在一个马蹄形磁铁中间放置一个可自由旋转的闭合转子线圈,手摇转动磁铁时,磁铁与转子线圈之间产生相对运动,转子线圈切割磁力线在闭合转子线圈内产生感应电动势和感应电流。该电流流过转子线圈,与旋转磁场相互作用,产生电磁力,驱动转子线圈转动。转子线圈旋转方向与磁铁旋转方向一致,且转子线圈旋转速度慢于旋转磁铁速度,以保持转子线圈切割磁力线获得持续电磁力,这也是"异步"电动机的由来。若改变马蹄形磁铁的旋转方向,则转子线圈旋转方向也随之改变。这就是三相异步电动机最基本的工作原理。关键是先产生一个旋转磁场,实际三相异步电动机工作时,不能采用上述手摇方式而是采用在三相定子绕组中施加三相交流电产生旋转磁场。

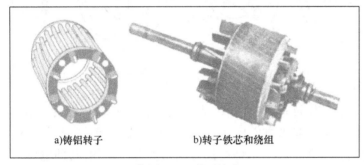

a)铸铝转子　　b)转子铁芯和绕组

● 图 6-1-5　笼型转子

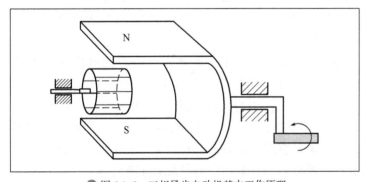

● 图 6-1-6　三相异步电动机基本工作原理

2. 旋转磁场的产生

定子三相绕组做星形连接,三相绕组首端 U_1、V_1、W_1 分别通以三相交流电 i_u、i_v、i_w。设三相交流电为

$$i_u = I_m \sin\omega t$$

$$i_v = I_m \sin(\omega t - 120°)$$

$$i_w = I_m \sin(\omega t + 120°)$$

三相定子绕组星形连接示意图如图 6-1-7 所示,定子绕组也可以做三角形连接。

三相交流电流波形图以及三相定子绕组产生的磁场示意图如图 6-1-8 所示。

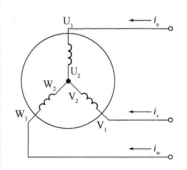

● 图 6-1-7　三相定子绕组星形连接示意图

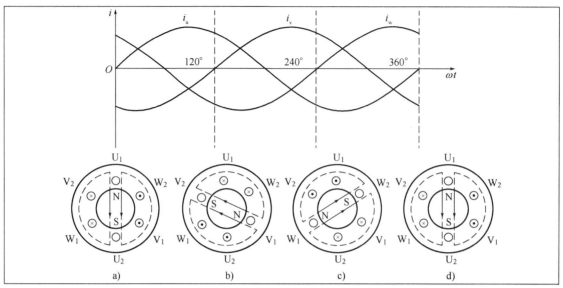

● 图 6-1-8 旋转磁场产生过程示意图

(1) 当 $\omega t = 0$ 时，$i_u = 0$，表示此绕组无电流；$i_v < 0$，表示 i_v 实际方向与参考方向相反，即电流从末端 V_2 流入、从首端 V_1 流出；$i_w > 0$，表示 i_w 实际电流方向与参考方向相同，即电流从首端 W_1 流入、从末端 W_2 流出。用右手螺旋定则可判定三相电流合成磁场方向是由上而下，即 N 极在上、S 极在下。如图 6-1-8a) 所示。

(2) 当 $\omega t = 120°$ 时，$i_v = 0$，表示此绕组无电流；$i_u > 0$，表示 i_u 实际电流方向与参考方向相同，即电流从首端 U_1 流入、从末端 U_2 流出；$i_w < 0$，表示 i_w 实际电流方向与参考方向相反，即电流从末端 W_2 流入、从首端 W_1 流出。用右手螺旋定则可判定三相电流合成磁场方向如图 6-1-8b) 所示，它是在 $\omega t = 0$ 时合成磁场方向的基础上顺时针旋转 120°。

(3) 当 $\omega t = 240°$ 时，$i_w = 0$，表示此绕组无电流；$i_u < 0$，表示 i_u 实际电流方向与参考方向相反，即电流从末端 U_2 流入、从首端 U_1 流出；$i_v > 0$，表示 i_v 实际电流方向与参考方向相同，即电流从首端 V_1 流入、从末端 V_2 流出。用右手螺旋定则可判定三相电流合成磁场方向如图 6-1-8c) 所示，它是在 $\omega t = 0$ 时合成磁场方向的基础上顺时针旋转 240°。

(4) 当 $\omega t = 360°$ 时，三相绕组电流方向以及合成磁场方向重复 $\omega t = 0$ 时的状态，从而达成一个循环周期，如图 6-1-8d) 所示。

上述分析过程只是选取几个特殊的瞬时相角 ωt，实际上三相交流电的相角 ωt 是连续且匀速变化的，则合成磁场连续且匀速旋转，故产生了连续且匀速旋转磁场。

3. 旋转磁场的方向

旋转磁场的方向决定于三相交流电的相序。若三相交流电相序为顺序，即 U—V—W，则旋转磁场方向为顺时针；若三相交流电相序中任意两相对调，使三相交流电相序变为逆序，即 U—W—V，则旋转磁场方向为逆时针。

4. 旋转磁场的转速

旋转磁场的转速又称同步转速，其大小与三相交流电的频率有关，也与每相定子绕组所包含的线圈数有关。如果每相定子绕组只有一个线圈，则合成的旋转磁场只有一对 N 极和 S 极（2 极）；如果每相定子绕组有两个线圈，则合成的旋转磁场有两对 N 极和 S 极（4 极）。以此类推，可有三对（6 极）、四对（8 极）等不同对数的磁极。旋转磁场转速用 n_1 表示，则有公式：

$$n_1 = \frac{60f_1}{p} \qquad (6\text{-}1\text{-}1)$$

式中：f_1——三相交流电频率，Hz；

p——磁极对数。

我国交流电频率 $f_1 = 50\text{Hz}$，则同步转速 n_1 与磁极对数 p 的关系如表 6-1-1 所示。

同步转速 n_1 与磁极对数 p 的关系表
($f_1 = 50\text{Hz}$)　　　　表 6-1-1

磁极对数 p	1	2	3	4	5
同步转速 n_1(r/min)	3000	1500	1000	750	600

5. 转差率

由图 6-1-6 三相异步电动机基本工作原理可知，电动机转子转速，即电动机转速 n 应该小于旋转磁场转速 n_1。为了方便描述 n_1 与 n 的转速差，这里引入一个新物理量：转差率 s。转差率 s 等于转速差与同步转速的比值，即

$$s = \frac{n_1 - n}{n_1} \qquad (6\text{-}1\text{-}2)$$

式中：n_1——旋转磁场转速，r/min；

n——转子转速，r/min。

转差率 s 是三相异步电动机的主要参数之一。电动机启动时，$n = 0$，$s = 1$，这时转差率 s 最大；电动机额定运行时，n 接近 n_1，这时转差率 s 很小。s 值的具体大小与负载有关，同步转速 n_1 不变时，负载越大、电动机转速越小，则 s 值越大。

交流讨论 6-1-1 某台三相异步电动机,额定转速 $n_N=1455\text{r/min}$,三相交流电源频率 $f_1=50\text{Hz}$,求该电动机额定运行时的同步转速 n_1,磁极对数 p,转差率 s。

解:额定转速 n_N 就是式(6-1-2)中的 n。因为电动机额定运行时其额定转速 n_N 应该小于且很接近同步转速 n_1 的值,查表 6-1-1 得知:当 $n_1=1500\text{r/min}$ 时,n_N 最接近 n_1,则该电动机同步转速 $n_1=1500\text{r/min}$,对应磁极对数 $p=2$,额定运行时转差率 $s=\dfrac{n_1-n}{n_1}=\dfrac{n_1-n_N}{n_1}=\dfrac{1500-1455}{1500}=0.03$。

单元 6-2 三相异步电动机的机械特性与铭牌

一、机械特性

三相异步电动机在电源电压和电源频率保持额定值不变时,电动机转子转速 n 与电磁转矩 T 之间的关系,称为电动机的机械特性,即 $n=f(T)$。

不同型号的三相异步电动机机械特性不尽相同,但总体上基本符合图 6-2-1 所示机械特性曲线。根据机械特性曲线的特征,将曲线分解为四个特殊工作点和两段运行工作区进行分析。

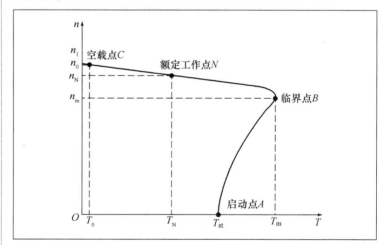

● 图 6-2-1 机械特性曲线

1. 额定工作点 N

如图 6-2-1 所示,额定工作点 N 表示电动机工作在额定

状态,其负载、电源、转速等均为额定值,转轴上输出的转矩为额定转矩 T_N,其大小为

$$T_N = 9550 \frac{P_N}{n_N} \quad (6\text{-}2\text{-}1)$$

式中：T_N——额定转矩,N·m;

P_N——额定功率,kW;

n_N——额定转速,r/min。

正常情况下,电动机应该运行在额定工作点附近,这时电动机的效率较高、功率因数较大,可避免电动机长时间超载运行。

2. 启动点 A

启动点表示电动机启动瞬间。转速 $n=0$,对应的电磁转矩 T 称为启动转矩 T_{st},即 $T=T_{st}$。启动转矩与额定转矩的比值称为启动系数 λ_{st},即

$$\lambda_{st} = \frac{T_{st}}{T_N} \quad (6\text{-}2\text{-}2)$$

启动系数描述电动机的启动能力,启动系数越大表示电动机启动能力越强。一般情况下,启动系数取值为 1～2.2。

若负载转矩大于启动转矩,则电动机不能启动。这时电动机因电流过大导致过热,损伤电动机。一旦出现这种情况应立即切断电源,调整负载正常后方可重新启动电动机。

3. 临界点 B

由图 6-2-1 可看出,临界点是 AB 与 BC 两段曲线的转折点和分界点。临界点对应的电磁转矩最大,称为最大转矩 T_m,对应的转速为临界转速 n_m。最大转矩与额定转矩的比值称为过载系数 λ_m,即

$$\lambda_m = \frac{T_m}{T_N} \quad (6\text{-}2\text{-}3)$$

过载系数越大表示电动机短时抗过载能力越强,λ_m 取值一般为 1.8～2.2。

4. 空载点 C

空载点对应电动机空载稳定运行状态。由图 6-2-1 看出,空载运行时,电磁转矩 T_0 很小,转速 n_0 几乎达到同步转速 n_1。T_0 称为空载转矩,n_0 称为空载转速。

5. 不稳定区

启动点 A 至临界点 B 之间这段曲线称为不稳定区。电动机进入不稳定区有两种情况:电动机启动或者堵转(俗

称闷车,指电动机被迫停机)。

(1)启动

电动机启动过程对应曲线 AB。如图 6-2-1 所示,在 AB 段,转速 n 随转矩 T 的增大而增大。当电动机满足启动条件从 A 点启动,转速 n 从零开始随转矩 T 的增大而增大,n 的增大又促使 T 增大,这样形成正反馈,驱动电动机从 A 点沿曲线 AB 达到临界点 B 完成启动过程,然后越过 B 点进入稳定运行区。

(2)堵转

如图 6-2-1 所示,在曲线 CB 段转速 n 随转矩 T 的增大而减小。工作在曲线 CB 段的电动机负载转矩 T_L 不可超过最大转矩 T_m,如果 $T_L > T_m$ 则电动机工作点将沿曲线 CB 移动到临界点 B 并越过 B 点进入不稳定工作区 BA 段。沿曲线 BA,电动机转速 n 随转矩 T 的减小而迅速减小,形成另一个正反馈,很快导致堵转。

6.稳定运行区

上文分析过,当满足启动条件的电动机从 A 点启动,工作点沿曲线 AB 越过临界点 B 进入稳定运行区 BC 段。电动机在稳定运行区运行时能够自动调整电磁转矩 T,使之与负载转矩 T_L 平衡,即 $T = T_L$,电动机工作在稳定状态。

如图 6-2-2 所示,假设电动机稳定运行在 a 点,这时 $T = T_a$,$n = n_a$。如果负载转矩突然增大到 T_b,在短时间内电磁转矩 T 小于 T_b,使电动机转速下降,转速下降促使转差率增大从而使电磁转矩 T 增大,直到 $T = T_b$,电动机又重新寻找到新平衡点 b 继续稳定运行。反之,如果负载转矩减小,电动机也会重新稳定运行在另一个新平衡点。

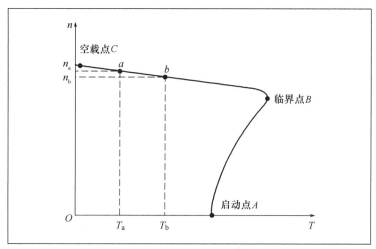

● 图 6-2-2 稳定区工作原理

交流讨论 6-2-1 已知某台 Y3-180L-4 型三相异步电动机工作在额定状态，其 $P_N=15\text{kW}$，$n_N=1450\text{r/min}$，启动系数 $\lambda_{st}=2.0$，过载系数 $\lambda_m=2.1$。求：电动机额定转差率，额定转矩，启动转矩，最大转矩。

解：由电动机型号可知，其是 4 极电机，磁极对数 $p=2$，其同步转速 $n=1500\text{r/min}$，则

额定转差率：

$$s_N=\frac{n_1-n}{n_1}=\frac{n_1-n_N}{n_1}=\frac{1500-1450}{1500}=0.03$$

额定转矩：

$$T_N=9550\frac{P_N}{n_N}=9550\frac{15}{1450}=98.8(\text{N}\cdot\text{m})$$

启动转矩：

$$T_{st}=\lambda_{st}T_N=2.0\times98.8=197.6(\text{N}\cdot\text{m})$$

最大转矩：

$$T_m=\lambda_m T_N=2.1\times98.8=207.5(\text{N}\cdot\text{m})$$

二、三相异步电动机的铭牌

三相异步电动机生产制造厂家将其主要参数标注在基座的铭牌上，这些参数是正确选用电动机的依据。某三相异步电动机铭牌数据如表 6-2-1 所示。

三相异步电动机铭牌数据　　　　　表 6-2-1

三相异步电动机		
型号：Y-132M-4	功率：7.5kW	工作制：S1
电压：380V	电流：15.8A	绝缘等级：B 级
频率：50Hz	接线方式：△	防护等级：IP44
转速：1460r/min	质量：60kg	制造商：××××

1. 型号

型号用于描述电动机不同系列类型及技术特征，如图 6-2-3 所示。

2. 电压

电压指电动机额定运行时定子绕组所施加的线电压有效值，即电动机额定电压。Y 系列异步电动机额定电压一般为交流 380V。

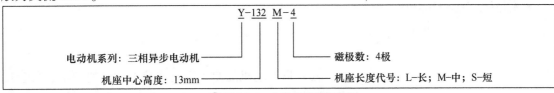

● 图 6-2-3　电动机型号的含义

3. 频率

频率指电动机三相交流电源的额定频率。Y 系列异步电动机交流电源额定频率为 50Hz。

4. 功率

功率指电动机额定运行状态下转轴上输出的机械功率，也称为额定功率。

5. 电流

电流是指电动机额定运行状态下定子绕组电流有效值，即额定电流。

6. 转速

转速指电动机额定运行状态下转轴每分钟的转数，也称为额定转速。

7. 接线方式

接线方式是指电动机额定运行状态，三相定子绕组应正确采用的连接方法。一般小功率电动机采用星形连接，大功率电动机采用三角形连接。

8. 工作制

工作制是指电动机额定状态下的运行方式，分为连续运行 S1、短时运行 S2、断续运行 S3。

9. 绝缘等级

绝缘等级是指绝缘材料允许的最高温度，分为 A、E、B、F、H、C 若干等级，不同等级所允许的最高温度依次递增。

10. 防护等级

防护等级是指电动机外壳防护形式的分级。IP 表示国际防护标准的首字母缩写，如 IP44 中第一位数字表示防颗粒物等级、第二位数字表示防水等级。IP 后面数字越大，对应防护等级越高。

单元 6-3 三相异步电动机的使用

三相异步电动机的使用主要涉及电动机的启动、调速、反转、制动等环节。

一、三相异步电动机的启动

1. 启动的概念

三相异步电动机启动是指电动机接通电源后从静止开始转动,并逐渐加速到稳定状态的过程。

2. 启动的特性

电动机启动过程具有如下特性:

(1)启动时旋转磁场与转子之间相对运动速度快,转子中感应电流大、定子绕组中电流也大,即启动电流大。

(2)启动电流过大,导致电源电压暂时降低,对电网造成一定的冲击,影响电网质量。

(3)启动电流过大,也会导致热损耗增加,导致电动机过热,影响电动机正常运行,甚至影响电动机寿命。

(4)启动电流大,但是启动转矩并不大,故启动性能差。

鉴于上述特性,应尽量减少启动频率,并采用适当的启动方式。

3. 启动方式

(1)直接启动

将额定电源电压直接施加到电动机电源端子上,驱动电动机开始运行。这种启动方式结构简单,所用设备少,但是启动电流大。在负载机械强度和电网稳定性允许的情况下,小型三相异步电动机可应用直接启动。图 6-3-1 所示电路是利用开关 QS 直接启动的电路,闭合开关 QS 则电动机启动。

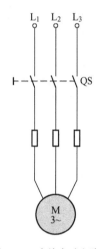

● 图 6-3-1 直接启动电路示意图

(2)降压启动

将额定电源电压降低后施加到电动机电源端子上,令电动机启动、加速并逐渐稳定后,再将额定电源电压施加给电动机进行额定电压运行。这种启动方式虽然一定程度上减少了启动电流,但是也使启动转矩减小很多。所以一般适用于电动机空载或轻载启动,启动完成后再加载额定负载。降压启动又分为不同的降压方法。

①Y-△转换降压启动。

Y-△转换降压启动就是将正常运行时应该三角形连接的电动机,在启动时连接成星形,待转速升高后再切换成三角形连接。如图 6-3-2 所示,启动时先将三刀双掷开关 S 置于启动位置(Y),使定子绕组做星形连接,然后闭合电源开关 QS,电动机各相绕组所加电压为额定电压的 $1/\sqrt{3}$,待转速趋于饱和时再将开关 S 置于运行位置(△),使定子绕

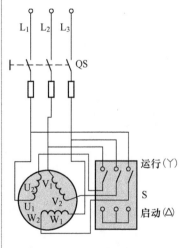

● 图 6-3-2 Y-△转换降压启动电路示意图

组做三角形连接,电动机以额定电压进入正常运行状态。

丫-△转换降压启动方法,启动电流仅为三角形连接直接启动电流的1/3,启动转矩也为三角形连接直接启动转矩的1/3。适用于正常运行时为三角形连接的电动机。

②自耦降压启动。

自耦降压启动就是启动时利用自耦变压器将额定电源电压降低后施加到电动机电源端子上,待转速升高后再切换为额定电源电压施加到电动机电源端子,使电动机以额定电压进入正常运行状态。如图6-3-3所示,启动时先将自耦变压器输出电压调节至较低电压值,并将六刀双掷开关S置于启动位置,然后闭合电源开关QS,电动机以较低电压启动;连续调节升高自耦变压器输出电压接近额定电压值,待电动机转速升高接近稳定时再把开关S迅速切换到运行位置,使电动机施加额定电压进入正常运行状态。

自耦降压启动优点是:调节自耦变压器可输出连续变化的启动电压值,启动平滑;缺点是设备笨重。一般适用于不能直接启动或者不能采用丫-△转换降压启动的电动机。

(3)绕线转子三相异步电动机的启动

如图6-3-4所示,绕线转子三相异步电动机的转子绕组中串接适当滑动变阻器,启动时先将滑动变阻器调节至阻值最大,然后闭合电源开关QS,随着转速升高逐步调节滑动变阻器至阻值为零,使电动机逐步加速,完成启动。此启动方式的特点:转子绕组中串接启动电阻增大转子电路的阻值,减少了转子绕组主电流和定子绕组电流;同时提高转子电路功率因数,增大启动转矩。适用于起重机、吊车等设备中的异步电动机。

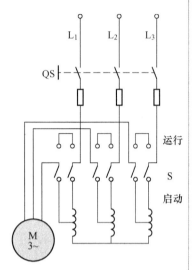

● 图6-3-3　自耦降压启动电路示意图

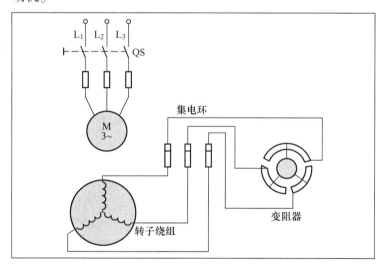

● 图6-3-4　绕线转子异步电动机启动电路

二、调速

调速就是在保持负载不变的情况下，根据工作需要人为改变电动机的转速。由式(6-1-1)和式(6-1-2)得：

$$n = (1-s)\frac{60f_1}{p} \qquad (6\text{-}3\text{-}1)$$

由式(6-3-1)看出，改变电源频率 f_1、磁极对数 p 和转差率 s，均可以调节电动机的转速。

1. 变频调速

由式(6-3-1)可知，当改变电源频率 f_1 时，转速 n 随频率 f_1 呈正比变化。我国电网交流电频率固定为 50 Hz，但我们可以通过变频器将 50 Hz 交流电变换为频率可调的交流电，实现变频调速，如图6-3-5所示。变频调速具有调速范围广、无级平滑调速、机械特性好等优势，应用日趋广泛。

2. 变极调速

由式(6-3-1)可知，改变磁极对数 p 时，转速 n 随 p 呈反比变化。图6-3-6所示为变极调速的基本原理，方便起见，图中只画出了定子三相绕组中的 U 相绕组。U 相绕组由两个相同线圈 U_1U_2 和 $U_1'U_2'$ 组成，若两个线圈串联则合成磁极对数 $p=2$，若两个线圈并联则合成磁极对数 $p=1$。这样通过改变两个线圈的连接方式就可改变磁极对数 p 的数值，实现调速。变极调速的特点是简单、经济，但是由于磁极对数 p 成倍变化，属于有级调速，调速不够平滑。一般应用于机床设备调速。

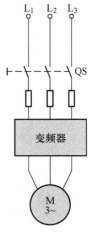

● 图6-3-5 变频调速示意图

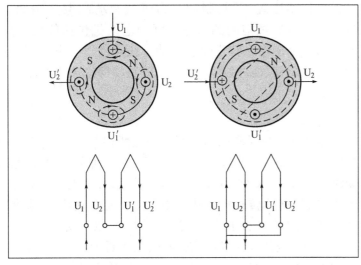

● 图6-3-6 变极调速的基本原理

3. 变转差率调速

变转差率调速是应用于绕线转子异步电动机的调速方法。在转子绕组中串联可调电阻，增大可调阻值，转差率随之增大，电机转速下降。可调电阻器的连接方式类似于绕线型三相异步电动机启动电阻的连接方式，如图 6-3-4 所示。尽管连接方式类似，但是设计参数不同，启动电阻按照短时运行设计，不能用于调速长期运行。

变转差率调速的特点：通过可调电阻实现无级平滑调速，调速电阻可兼作启动电阻，但是效率低、调节范围小。其主要应用于起重、运输设备中。

三、反转

三相异步电动机可以工作在顺时针或逆时针两种运转状态，也就是电动机的正转和反转。正常工作在正转状态时，设电动机三相电源相序为：U—V—W；只要对调三相电源中的任意两相，如对调 V 相与 W 相，则三相电源的相序为：U—W—V，产生反向旋转磁场，驱动电动机反转。如图 6-3-7 所示，电源开关 QS 置于"正转"位置时，三相电源接线顺序为：L_1—U_1，L_2—V_1，L_3—W_1，电动机正转；电源开关 QS 置于"反转"位置时，三相电源接线顺序为：L_1—U_1，L_2—W_1，L_3—V_1，电动机反转。

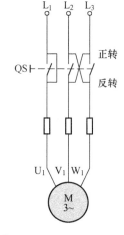

图 6-3-7　正反转控制电路

四、制动

需要电动机停机时如果仅仅是切断电源，由于惯性因素电动机不能按需求快速停机，为此需要一个反向转矩强制电动机按需停机，称为制动。

根据制动原理不同，制动分为机械制动和电气制动。机械制动一般通过抱闸的摩擦力强制电动机快速停机；电气制动通过反向电磁转矩强制电动机快速停机。电气制动又分为反接制动、能耗制动、发电反馈制动等。本书介绍电气制动。

1. 反接制动

反接制动是指对调三相电源中任意两相电源的相序，利用反向电磁转矩达到制动目的。如图 6-3-8 所示，需要反接制动时，将电源开关 QS 切换至"反转"位置，并将电源 V 相与 W 相对调，反向旋转磁场在转子中产生反向电磁转矩，强制电动机减速，当转速接近零时迅速切断电源，以防反转。

反接制动电路简单，制动转矩大，制动迅速，但是对设备和电动机本身的机械冲击剧烈。其一般应用于功率小、制动

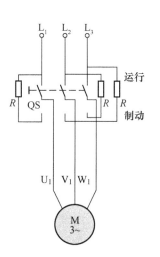

图 6-3-8　反接制动电路示意图

少、精度要求不高的场合。

2. 能耗制动

能耗制动就是切断电动机三相交流电源的同时,将一组直流电源接入定子绕组产生静止磁场,由于惯性,仍在转动的转子切割静止磁力线,产生反向电磁转矩,达到制动停机的效果,如图6-3-9所示。

影响制动转矩大小的因素有:直流电流大小和电机转速。直流电流越大,制动转矩就越大,应用中可在直流电路中串接一个可调电阻器,用于调节直流电流的大小;电动机转速越高,制动转矩越大。此方法是将转子以及拖动系统的动能转换为电能消耗在转子电阻上,故称为能耗制动。

能耗制动的特点:制动平稳;需要配置直流电源,制动较慢,随着转速降低,制动转矩持续减小。

3. 发电反馈制动

由 $n_1 = \dfrac{60f_1}{p}$ 可知,降低交流电源频率 f_1 即可降低旋转磁场转速 n_1。当 n_1 低于电动机转速 n 时则产生反向电磁转矩,通过变频器持续降低电源频率 f_1 并保持 $n_1 < n$,则持续产生反向电磁转矩制动电动机停机。

制动过程中,转子通过反向切割磁力线将转子及拖动系统的动能转换为电能,并经专用线路将电能反馈给电源,故称为发电反馈制动。发电反馈制动多应用于电气化轨道交通、电动新能源汽车、电网系统等。

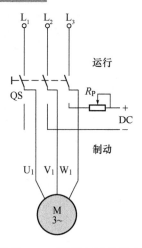

● 图6-3-9 能耗制动电路示意图

> **交流讨论6-3-1** 已知Y-180M-4型三相异步电动机,满载正常运行时采用三角形连接,$U_N = 380V$,$P_N = 30kW$,$n_N = 1450r/min$,$\lambda_{st} = 2.0$,$\lambda_m = 2.1$。求:
>
> (1)此电动机如果采用直接启动方式,启动转矩是多大?
>
> (2)能否采用Y-△降压启动方式?
>
> **解**:电动机额定转矩 $T_N = 9550\dfrac{P_N}{n_N} = 9550\dfrac{30}{1450} = 197.6(N \cdot m)$。
>
> (1)若采用直接启动,则启动转矩:
> $T_{st} = \lambda_{st} T_N = 2.0 \times 197.6 = 395.2(N \cdot m)$
>
> (2)若采用Y-△降压启动方式,则启动转矩:
> $T_{stY} = \dfrac{1}{3}T_{st} = \dfrac{1}{3} \times 395.2 = 131.7(N \cdot m)$
>
> 因为 $T_{stY} < T_N$,所以不能采用Y-△降压启动方式。

交流讨论 6-3-2 Y-180L-4 型三相异步电动机，$U_N = 380V$，$P_N = 25kW$，$n_N = 1440r/min$，$\lambda_{st} = 1.5$，$\lambda_m = 2.2$。求：电动机磁极对数 p、同步转速 n_1、额定转差率 s_N、额定转矩 T_N、启动转矩 T_{st}、最大转矩 T_m。

解：由电动机型号知：电动机有 4 个磁极，即磁极对数 $p = 2$。

同步转速：

$$n_1 = \frac{60f_1}{p} = \frac{60 \times 50}{2} = 1500(r/min)$$

额定转差率：

$$s_N = \frac{n_1 - n_N}{n_1} = \frac{1500 - 1440}{1500} = 0.04$$

额定转矩：

$$T_N = 9550 \frac{P_N}{n_N} = 9550 \frac{25}{1440} = 165.8(N \cdot m)$$

启动转矩：

$$T_{st} = \lambda_{st} T_N = 1.5 \times 165.8 = 248.7(N \cdot m)$$

最大转矩：

$$T_m = \lambda_m T_N = 2.2 \times 165.8 = 364.8(N \cdot m)$$

实验

实验 9　三相异步电动机的正反转控制线路

请同学们完成实验 9 三相异步电动机的正反转控制线路，见教材实验实训手册。

单元知识网络

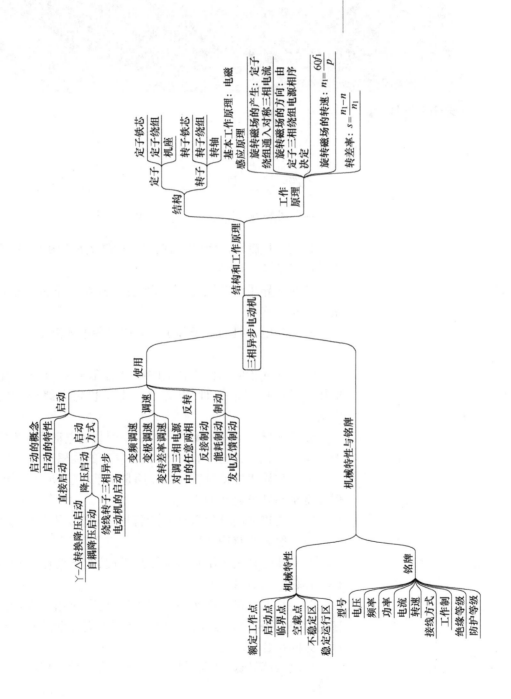

考证训练

班级：_____ 姓名：_____ 学号：_____ 成绩：_____

一、判断题（每题1分,计38分）

1. 对电机轴承润滑的检查,可通电转动电动机转轴,看是否转动灵活,听有无异声。（　　）

2. 对于异步电动机,国家标准规定3kW以下的电动机均采用三角形连接。（　　）

3. 三相电动机的转子和定子要同时通电才能工作。（　　）

4. 三相异步电动机铭牌上的额定电流表示电动机在额定电压及额定功率运行时,电源输入电动机定子绕组中的相电流。（　　）

5. 三相异步电动机铭牌上的功率因数是电动机在额定状态下运行时,输入的有功功率与视在功率的乘积。（　　）

6. 三相异步电动机转轴的作用是支承转子,传递转矩,并保证定子与转子之间的空气隙。（　　）

7. 为改善电动机的启动及运行性能,笼型异步电动机转子铁芯一般采用直槽结构。（　　）

8. 异步电动机采用丫-△降压启动时,定子绕组先按△连接,后改换成丫连接运行。（　　）

9. 异步电动机的旋转磁场产生后,转子绕组中即产生感应电动势(切割电动势)和感应电流。感应电动势和感应电流的方向符合左手定则。（　　）

10. 丫-△降压启动仅适用于运行时为三角形接线的鼠笼式电动机。（　　）

11. 不论电机绕组是Y接或△接都可采用自耦变压器降压启动。（　　）

12. 电动机按铭牌数值工作时,短时运行的定额工作制用 S2 表示。（　　）

13. 电动机采用自耦变压器降压启动,启动时将电源接至自耦变压器高压侧,电动机接自耦变压器的低压侧。
（　　）

14. 电动机从接通电源开始,转速由零增到额定转速的过程叫作启动过程,简称启动。（　　）

15. 电动机的分类方式有多种,按电源使用的种类划分主要有两大类:一类是直流电动机,另一类是交流电动机。
（　　）

16. 电动机的绝缘等级,表示电动机绕组的绝缘材料和导线所能耐受温度极限的等级,如 E 级绝缘允许最高温度为120℃。（　　）

17. 电动机过热的原因是鼠笼转子断条或存在缺陷,电动机运转 1~2h,铁芯温度迅速上升,甚至超过绕组温度,重载或满载时,定子电流超过额定值。（　　）

18. 电动机在正常情况下,电动机端电压与其定电压不得相差 ±5%。（　　）

19. 电动机轴承过热的原因是检修时换错了轴承型号,应改换正确型号的轴承。（　　）

20. 电机异常发响发热的同时,转速急速下降,应立即切断电源,停机检查。（　　）

21. 电机在检修后,经各项检查合格后,就可对电机进行空载实验和短路实验。（　　）

22. 对电机各绕组进行绝缘检查,如测出绝缘电阻不合格,不允许通电运行。（　　）

23. 对绕线型异步电机应经常检查电刷与集电环的接触及电刷的磨损、压力、火花等情况。（　　）

24. 对于转子有绕组的电动机,将外电阻串入转子电路中启动,并随电机转速升高而逐渐将阻值减小并最终切除,叫转子串电阻启动。（　　）

25. 额定功率表示电动机在额定状态下运行时,转轴上输出的机械功率,单位是 W 或 kW。（　　）

26. 改变转子电阻调速这种方法只适用于绕线式异步电动机。（　　）

27. 交流电动机铭牌上的频率是此电机使用的交流电源的频率。（　　）

28. 具有线绕式转子的电动机叫线绕式电动机,又叫滑

环式电动机。（   ）

29. 能耗制动这种方法是将转子的动能转化为电能,并消耗在转子回路的电阻上。（   ）

30. 三相异步电动机的转子导体中会形成电流,其电流方向可用右手定则判定。（   ）

31. 三相异步电动机也叫三相感应电动机,主要由定子和转子两个部分组成。（   ）

32. 异步电动机的旋转磁场产生后,转子绕组中即产生感应电流,感应电流在磁场中将受到力的作用,该作用力由左手定则确定。（   ）

33. 异步电动机的转差率是旋转磁场的转速和电动机转速之差与旋转磁场的转速之比。（   ）

34. 因闻到焦臭味而停止运行的电动机,必须找出原因后才能再通电使用。（   ）

35. 用丫-△降压启动时,启动转矩为直接采用三角形连接时启动转矩的1/3。（   ）

36. 再生发电制动只用于电动机转速高于同步转速的场合。（   ）

37. 长时间停用的电动机(3个月以上),投入运行前应检查线路电压和电动机接法是否符合铭牌规定、电动机引出线与线路连接是否牢固、有无松动或脱落、机壳接地是否可靠。（   ）

38. 转子线绕式电动机电刷冒火或滑环过热的原因是刷架或滑环松动,应予更换。（   ）

二、单选题（每题2分,计62分）

1. 电动机启动时,启动电流很大,如接地现象严重,会产生响声,振动也特别厉害,但启动后会趋于好转。这是因为电动机的绕组有接地处,造成磁场严重不均匀而产生的,应用(   )检查线圈是否接地。
   A. 兆欧表　　　　B. 万用表
   C. 电压表　　　　D. 电流表

2. 电动机是将电能转化为(   )的动力设备。
   A. 机械能　　　　B. 化学能
   C. 生物能　　　　D. 核能

3. 电动机在额定工作状态下运行时,定子电路所加的(   )叫额定电压。
   A. 线电压　　　　B. 相电压
   C. 额定电压

4. 降压启动是指启动时降低加在电动机(   )绕组上的

电压,启动运转后,再使其电压恢复到额定电压正常运行。

　　A.定子　　B.转子　　C.定子及转子

5.绝缘等级表示电动机所用绝缘材料的(　　)等级。

　　A.耐热　　B.性能　　C.耐压　　D.规格

6.利用(　　)来降低加在定子三相绕组上的电压的启动叫自耦降启动。

　　A.自耦变压器　　　　B.频敏变压器

　　C.电阻器

7.三相异步电动机铭牌上的工作方式 S2 表示为(　　)工作制。

　　A.短时　　B.长期　　C.连续　　D.断续周期

8.要检查电动机的三相绕组的直流电阻并加以比较,应用(　　)。

　　A.电桥　　　　　　B.兆欧表

　　C.万用表　　　　　D.钳流表

9.电动机在额定工作状态下运行时,(　　)的机械功率叫额定功率。

　　A.允许输入　　　　B.允许输出

　　C.推动电机

10.电机在正常运行时的声音是平稳、轻快、(　　)和有节奏的。

　　A.尖叫　　B.均匀　　C.摩擦

11.对电机各绕组的绝缘检查,如测出绝缘电阻为零,在发现无明显烧毁的现象时,则可进行烘干处理,这时(　　)通电运行。

　　A.允许　　　　　　B.不允许

　　C.烘干好后就可

12.对电机轴承润滑的检查,(　　)电动机转轴,看是否转动灵活,听有无异声。

　　A.通电转动　　　　B.用手转动

　　C.用其他设备带动

13.笼型异步电动机常用的降压启动除自耦降压启动、Y-△换转降压启动以外,还有(　　)启动。

　　A.转子串电阻　　　B.串电阻降压

　　C.转子串频敏

14.绕线式电动机的启动是在转子电路中接入(　　)来启动。

　　A.电阻　　　　　　B.变阻器

　　C.变流器　　　　　D.变压器

15.当熔断器保护一台电动机时,熔断器的额定电流可按下式计算( )。

A. $I_{RN} \geq (1.2 至 2.0) I_N$
B. $I_{RN} \geq (1.5 至 2.5) I_N$
C. $I_{RN} \geq (1.2 至 2.5) I_N$
D. $I_{RN} \geq (1.5 至 3.0) I_N$

16. 熔断器在电动机的电路中起( )保护作用。
    A. 过载   B. 短路   C. 过载和短路

17. 异步电动机在启动瞬间,转子绕组中感应的电流很大,使定子流过的启动电流也很大,约为额定电流的( )倍。
    A. 2   B. 4~7   C. 9~10

18. 在电机和变压器等有铁芯线圈的设备中,通入交流电时,在铁芯中会产生( )。
    A. 自感   B. 涡流   C. 互感   D. 电火花

19. ( )的电机,在通电前,必须先做各绕组的绝缘电阻检查,合格后才可通电。
    A. 一直在用,停止没超过一天
    B. 不常用,但电机刚停止不超过一天
    C. 新装或未用过的

20. 电动机( )作为电动机磁通的通路,要求材料有良好的导磁性能。
    A. 机座   B. 端盖
    C. 定子铁芯

21. 电动机的直接启动也叫全压启动,是在定子绕组上直接施加( )而启动电动机。
    A. 相电压   B. 线电压
    C. 额的电压   D. 380V

22. 电动机负载过大,会导致电动机( )。
    A. 噪声增大   B. 转速升高
    C. 过热   D. 温升下降

23. 电动机声音不正常或振动的原因是电动机改极后,槽配合不当,可改变线圈跨距。不易解决时,可将转子外径车小( )左右试之。
    A. 0.3mm   B. 0.4mm   C. 0.5mm   D. 0.6mm

24. 电动机铁芯采用硅钢片,其表面应( )。
    A. 刮净   B. 涂导电层
    C. 涂绝缘漆   D. 涂防锈漆

25. 电机的绝缘等级和极限工作温度,绝缘材料级别为E时,其极限温度为( )。
    A. 100℃   B. 110℃   C. 120℃   D. 150℃

26. 对电机内部的脏物及灰尘清理,应用( )。

   A. 湿布抹擦

   B. 布上沾汽油、煤油等抹擦

   C. 用压缩空气吹或用干布抹擦

27. 某三相异步电动机铭牌上的额定电压为 380V/220V,则该电动机三相绕组的接法为( )。

   A. Y形　B. △形　C. Y形/△形　D. 等边形

28. 三相笼型异步电机的启动方式有两类,即在额定电压下的直接启动和( )启动。

   A. 转子串电阻　　　B. 转子串频敏

   C. 降低启动电压

29. 三相异步电动机铭牌上的工作方式 S1 表示( )工作制。

   A. 短时　B. 长期　C. 连续　D. 断续周期

30. 在对380V电机各绕组的绝缘检查中,发现绝缘电阻( ),则可初步判定为电动机受潮所致,应对电机进行烘干处理。

   A. 小于10MΩ　　　B. 大于0.5M

   C. 小于0.5MΩ

31. 当电动机的容量超过( )kW 时,应采用降压启动。

   A. 0.1　B. 0.5　C. 1　D. 10

单元 7
安全用电

【知识目标】
    1. 懂得触电的原因、方式,触电伤害的种类。
    2. 了解影响触电伤害程度的因素。
    3. 掌握防止触电的措施。

【技能目标】
    1. 能够正确使用电能,防止发生触电事故。
    2. 能够在触电事故发生时进行应急处理。
    3. 掌握触电急救措施的主要步骤和要领。

【素质目标】
    1. 树立"生命至上、安全第一"的理念。
    2. 培养团结协作能力。
    3. 培养责任担当意识。

● 内容结构

【翻转课堂】
    课前,教师安排学习任务,学生分成学习小组,各小组课前充分学习讨论,预习本单元内容。课中,小组代表上台使用PPT讲解本单元重点内容。讲解内容包括:触电原因、方式;三触电危害;防触电措施;触电急救措施。教师评价、答疑,通过交流讨论,突破难点内容。课后,学生完成作业并预习下次课内容,教师检查作业,掌握学生学习情况,为下次备课做准备。

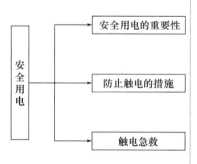

单元 7-1
安全用电的重要性

一、触电的方式

所谓触电,是指当人体某部位不慎接触到电源线或带电体,并且电源线(带电体)、人体、大地等构成电流回路时,有电流流过人体,对人体造成伤害。如果电能应用不当,可能造成触电等用电事故。我们要了解触电的方式,避免触电。触电的方式主要有以下几种。

1. 单相触电

单相触电是最常见的触电方式。根据触电电流经过的途径不同,单相触电又可分为两种情况:

(1)如图 7-1-1 所示,当人体一部位接触相线时,人体另一部位接触中性线,电流由相线经人体到中性线形成电流回路,导致触电事故。

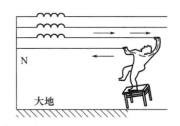

● 图 7-1-1　同时接触相线与中性线

(2)如图 7-1-2 所示,当人体站在地面上时,人体某部位接触到相线,电流由相线经人体、大地回到中性点 N 形成电流回路,导致触电事故。

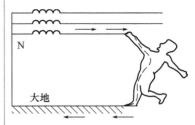

● 图 7-1-2　同时接触相线与大地

2. 两相触电

如图 7-1-3 所示,人体的两部位同时接触两条相线,电流从其中一条相线经人体到另一条相线构成电流回路,人体承受的电压是两条相线之间的线电压,其后果比单相触电更严重。

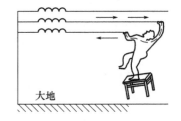

● 图 7-1-3　同时接触两条相线

3. 接触电压触电

当人体与故障电气设备(如变压器、电动机等)的带电外壳接触时,导致接触电压触电,如图 7-1-4 所示。正常情况下,电气设备外壳不带电,但是由于长时间运转、老化、损伤等,可能会导致电气设备的带电部位与外壳接触,从而使外壳带电,所以使用电气设备前应检查外壳安全状况。

● 图 7-1-4　接触电气设备漏电外壳

4. 跨步电压触电

当电源相线断落地面或者电气设备带电外壳接触地面时,则以落地点为圆心沿地面向四周呈同心圆形式分布不同电势的等电势线。如果人体的两只脚跨步在不同等电势线之间,会造成跨步电压触电,如图 7-1-5 所示。一旦遇到此情况,应双脚并拢或者单脚跳离危险区。

● 图 7-1-5　跨步电压触电

二、触电伤害的种类

人体发生触电事故时,会对人体造成不同性质的伤害。

模块3　电工技术应用　141

根据触电伤害性质的不同,触电伤害主要分为两种:电伤和电击。

1. 电伤

人体不慎触电时,触电电流对人体外部造成的伤害称为电伤,主要指皮肤表面灼伤等。

2. 电击

触电电流流过人体内部器官而造成的人体内部组织的伤害称为电击。相比电伤,电击对人体的伤害程度更严重。

三、影响触电伤害程度的主要因素

当人体发生触电事故时,会对人体造成不同程度的伤害。影响伤害程度的主要因素有以下几种。

1. 电流大小

发生触电时,流经人体电流的大小是影响触电伤害程度的主要因素。电流越大,伤害越严重。

2. 电流频率

流经人体电流的频率也是影响触电伤害程度的主要因素之一。当电流大小一样时,交流电比直流电对人体的伤害更严重。

3. 电流的持续时间

同样频率、同样大小的电流,流过人体持续的时间越长,对人体的伤害越严重。

4. 其他因素

触电电流流经人体的部位、人体个体素质等也是影响伤害程度的因素。

单元 7-2 防止触电的措施

为了避免或者减少触电事故,我们应该掌握和采取一些有效的防触电措施。常用的防触电措施主要有以下几项。

一、绝缘保护

采用绝缘材料将可能造成触电的线路、设备以及其他带电体隔离,称为绝缘保护。这是常用的防止触电措施。根据绝缘的对象或者方式不同,绝缘保护又分为以下几种情况。

1. 导线绝缘

尽量采用带有绝缘外套的导线和电缆，防止因导线裸露导致的触电。

2. 设备绝缘

电气设备或装置，应安装绝缘外壳，将内部带电体与外界隔离。

3. 工具绝缘

安装、维护、操作电气设备时，操作人员应采用绝缘把手的工具，并戴有绝缘手套。

二、保持安全距离

在带电体附近设置警示栏杆或告示牌等，提示过往人员保持安全距离，避免接近带电体，如图 7-2-1 所示。

三、电气保护

上述防触电措施是采用绝缘材料或者警示栏杆等物理绝缘措施，除此之外，采用电气保护也是防触电的重要措施。

● 图 7-2-1　保持安全距离

1. 保护接地

用导线将电气装置外壳与大地连接，使电气装置外壳始终保持大地零电势，这种保护措施称为保护接地。

2. 保护接零

用导线将电气装置金属外壳与中性线连接，当电源中某相线裸露并触及电气装置外壳时，使该相线与中性线短路，强迫线路保护装置迅速启动并切断电源，避免触电事故。

3. 漏电保护

在电气电路中接入漏电保护器装置，一旦检测到因触电或其他原因导致漏电情况，漏电保护器立即断开电源，防止触电事故。

4. 安全电压

安全电压是指人体不慎触电时，对人体各部分组织均不会造成伤害的电压值。一些特殊场合的电源尽量应用安全电压。安全电压不是指具体某一电压值，而是指一系列电压值，如 6V、12V、24V、36V 等。对于某个人来说，安全电压值还与人体特征、触电时长、触电环境、触电接触面积和接触压力等因素有关。

模块3　电工技术应用

四、强化安全意识，遵守安全规程

1. 安全用电

安全用电意识淡薄是导致触电或其他用电事故的主要因素。所以，我们要树立并强化安全用电的意识，始终坚持安全第一，以有效地减少触电事故。为此，我们要做到以下几点：

(1) 学习一些安全用电常识。
(2) 杜绝乱拉电线、乱接电器。
(3) 电气设备长期不使用时关闭电源。
(4) 电线存在老化现象时，应及时更换。

2. 安全操作规程

当电线或电气设备需要安装、维护时，应请专业人员处理，非专业人员不得擅自操作。专业人员操作时要严格遵守安全规程，使用绝缘工具、佩戴绝缘手套、切断总电源、悬挂警示标牌等。

单元 7-3 ▶
触电急救

如果发现有人不慎触电，我们应该沉着冷静，迅速采取正确行动施救触电者。

一、尽快使触电者脱离电源

一旦发现有人不慎触电，尽快使触电者脱离电源是第一要务。但是要采取正确方法，抢救触电者的同时保护施救者。安全脱离电源的方法主要有以下几种：

(1) 迅速就近切断总电源开关或者拔出电源插头。
(2) 如果一时找不到总电源开关或者电源插头，可用干燥木棍或者带有绝缘把柄的工具将电源线从触电者身上移开。
(3) 如果现场附近有绝缘把柄的钳子或者斧头，将电源线剪断。

二、脱离电源后抢救

帮助触电者脱离电源后，迅速拨打 120 急救电话求救。等待 120 急救人员的同时，就地迅速展开救护。如果触电者伤势不重、意识清醒，存在心慌、四肢麻木、乏力等症状，应让触电者安静休息，避免走动，并保持空气流通、清新。

如果触电者失去意识且呼吸困难或者呼吸停止,甚至呼吸和心跳均停止,应该继续抢救。将触电者平躺,对其实施人工呼吸和胸外心脏按压,直到其苏醒或120急救人员到来。

技能训练1　触电急救

请同学们完成技能训练1触电急救,见教材实验实训手册。

单元知识网络

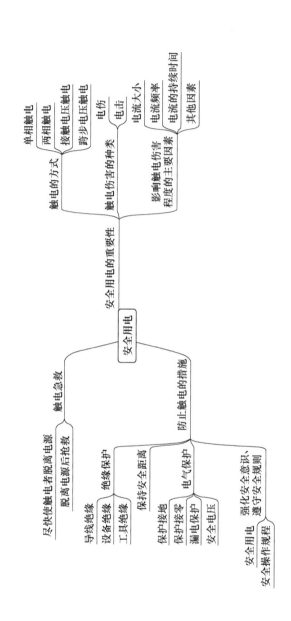

考证训练

班级:_____ 姓名:_____ 学号:_____ 成绩:_____

一、判断题(每题 1 分,计 56 分)

1. 概率为 50% 时,成年男性的平均感知电流值约为 1.1mA,最小为 0.5mA,成年女性约为 0.6mA。（   ）

2. 机关、学校、企业、住宅等建筑物内的插座回路不需要安装漏电保护装置。（   ）

3. 据部分省市统计,农村触电事故要少于城市的触电事故。（   ）

4. 绝缘安全用具就是基本安全用具。（   ）

5. 可将单相三孔电源插座的保护接地端(面对插座最上端)与接零端(面对插座最左下孔)用导线连接起来,共用一根线。（   ）

6. 雷雨时在室外倒闸操作应穿戴好绝缘用具,使用绝缘工具。（   ）

7. 两相触电是指人体某一处同时触及两相带电体而发生的触电事故。无论电网的中性点接地与否,其危险性都比较大。（   ）

8. 两相触电危险性比单相触电小。（   ）

9. 漏电保护器后应采用重复接地,否则漏电保护器送不上电。（   ）

10. 漏电保护器是为了防止漏电或短路的保护仪器。（   ）

11. 漏电开关只有在有人触电时才会动作。（   ）

12. 抢救触电伤员时,用兴奋呼吸中枢的可拉明、洛贝

林,或使心脏复跳的肾上腺素等强心针剂可代替手工呼吸和胸外心脏按压两种急救措施。（　　）

13. 设备安装漏电保护器后原有的保护接地或保护接零可以撤掉。（　　）

14. 危险场所室内的吊灯与地面距离不少于3m。（　　）

15. 安全起见,更换熔断器时,最好断开负载。（　　）

16. 为使触电者与导电体解脱,最好用两只手进行。（　　）

17. 心肺复苏应在现场就地坚持进行,但为了方便也可以随意移动伤员。（　　）

18. 在抢救触电者时,可(严禁)用枕头或其他物品垫在触电者头下。（　　）

19. 安全电源应采用安全隔离变压器的电源。（　　）

20. 安全距离指的是为了防止人体触及或接近带电体,防止车辆或其他物体碰撞或接近带电体等造成的危险,在其间所需保持的一定空间距离。（　　）

21. 安全用具的橡胶制品不应与石油类的油脂接触,以防老化。（　　）

22. 按照通过人体电流的大小、人体反应状态的不同,可将电流划分为感知电流、摆脱电流和室颤电流。（　　）

23. 电工作业人员要切实履行好安全职责,确保自己、他人的安全和各行各业的安全用电。（　　）

24. 电气设备或线路温度升高是设计不合理或使用不合理,热量长时间积累造成的。（　　）

25. 电气设备缺陷、设计不合理、安装不当等都是引发火灾的重要原因。（　　）

26. 电气设备停电后,在没有断开电源开关和采取安全措施以前,不得触及设备或进入设备的遮栏,以免发生人身触电事故。（　　）

27. 对于容易产生静电的场所,应保持地面潮湿,或者铺设导电性能较好的地板。（　　）

28. 发生两相触电时,作用于人体上的电压等于线电压,这种触电是最危险的。（　　）

29. 更换熔断器熔体或熔管时,必须在不带电的情况下进行。（　　）

30. 更换熔断器熔体时不准随意使用铜丝或铁丝代替熔丝。（　　）

31. 工作间断时,所有安全措施保持不动。（　　）

32. 工作结束后,必须得到值班调度员或值班负责人的许

可命令后,方可合闸送电。（　　）

33. 剪断电线要分相,一根一根地剪断,并尽可能在绝缘物体或干木板上作业。（　　）

34. 接地线必须用专用线夹固定在导体上,严禁用缠绕方法进行接地和短路。（　　）

35. 接地线是为了在已停电的设备和线路上意外地出现电压时保证工作人员的重要工具。按规定,接地线必须是截面积 $25mm^2$ 以上裸铜软线制成。（　　）

36. 接线时,所有的开关均应控制电路的相线。（　　）

37. 救护人员在抢救过程中应注意保持自身与周围带电部分必要的安全距离。（　　）

38. 雷暴时,非工作人员应尽量减少外出。（　　）

39. 雷暴时,禁止在室外和室内的架空引入线上进行检修和实验工作。（　　）

40. 雷电可通过其他带电体或直接对人体放电,使人的身体遭到巨大的破坏直至死亡。（　　）

41. 雷电时,禁止进行倒闸操作。（　　）

42. 雷电时,禁止进行更换熔断器的工作。（　　）

43. 雷电时,应禁止在屋外高空检修、实验和屋内验电等作业。（　　）

44. 雷雨天气不得靠近避雷器和避雷针。（　　）

45. 普通阀型避雷器,只宜装在变电所内。（　　）

46. 企业、事业单位的职工无特种作业操作证从事特种作业,属违章作业。（　　）

47. 相同条件下,交流电比直流电对人体危害较大。（　　）

48. 心跳呼吸恢复的早期有可能再次骤停,应严密监护,要随时准备再次抢救。（　　）

49. 幼儿园及小学等儿童活动场所插座安装高度不宜小于1.8m。（　　）

50. 在安全色标中用红色表示禁止、停止或消除。（　　）

51. 在安全色标中用绿色表示安全、通过、允许工作。（　　）

52. 在带电维修线路时,应站在绝缘垫上。（　　）

53. 在带电作业过程中,如发现设备突然停电,仍按有电看待。（　　）

54. 在没有用验电器验电前,线路应视为有电。（　　）

55. 在易燃、易爆和特别场所,开关应分别采用防爆型、密闭型的或安装在其他处所控制。（　　）

56. 在有爆炸和火灾危险的场所,应尽量少用或不用携带式、移动式的电气设备。（　　）

二、单选题（每题2分,计124分）

1. 安全生产方针突出强调了（　　）的思想。
    A. 以人为本
    B. 安全第一
    C. 预防第一、关爱生命
    D. 安全生产、人人有责

2. 触电急救的（　　）。
    A. 第一步是使触电者迅速脱离电源,第二步是现场救护
    B. 第一步是使触电者迅速脱离电源,第二步是通知120急救中心
    C. 第一步是通知120急救中心,第二步是保护现场
    D. 第一步是现场救护,第二步是使触电者迅速脱离电源

3. 从实际发生的事故中可以看到,（　　）以上的事故都与人为过失有关。
    A. 70%　　B. 80%　　C. 50%　　D. 40%

4. 电气安全检查时,对使用中的电气设备,应（　　）测定其绝缘电阻。
    A. 定期　　B. 一年　　C. 半年　　D. 3个月

5. 电气设备金属外壳接地属于（　　）。
    A. 保护接地　　　　B. 工作接地
    C. 绝缘防护　　　　D. 安全距离

6. 电气设备未经验电,一律视为（　　）。
    A. 有电,不准用手触及
    B. 无电,可以用手触及
    C. 无危险电压
    D. 有电,可用手触及

7. 防爆场所电气线路的敷设,钢管电气设备之间应用（　　）连接。
    A. 螺纹　　B. 焊接　　C. 压接　　D. 钎焊焊接

8. 防爆场所电气线路的敷设,固定敷设的电力电缆应采用（　　）。
    A. 铠装电缆　　　　B. 非燃性胶护套电缆
    C. 非铠装电缆　　　D. 护套电缆

9. 防爆型电气设备的标志中,隔爆型用( )表示。
   A. d   B. e   C. p   D. o

10. 更换和检修用电设备时,最好的安全措施是( )。
    A. 切断电源   B. 站在凳子上操作
    C. 戴橡皮手套操作

11. 工作人员在10kV及以下电压等级中正常活动范围与带电设备的安全距离为( )m。
    A. 0.35   B. 3   C. 4   D. 0.1

12. 红色按钮开关一般表示( )。
    A. 停止   B. 启动
    C. 供不同场合使用   D. 工作

13. 检修的安全距离,低压操作中,人体或所携带的工具与带电体之间的距离不小于( )。
    A. 0.1m   B. 0.2m   C. 0.3m   D. 0.4m

14. 接班人员必须按( )到岗,交班人员应办理交接手续,签字后方可离去。
    A. 规定时间提前
    B. 规定时间
    C. 规定时间不得晚于10min
    D. 均不可以

15. 接地中线相色漆规定涂为( )色。
    A. 黑   B. 紫   C. 白   D. 红

16. 接户线与树木之间的最小距离不得小于( )。
    A. 0.3m   B. 0.4m   C. 0.5m   D. 0.6m

17. 接户线长度,低压一般不得超过( )m。
    A. 25   B. 50   C. 100   D. 151

18. 接户线长度,高压一般不得超过( )m。
    A. 15   B. 50   C. 100   D. 150

19. 进户线的进户管口与接户线之间的垂直距离,一般不应超过( )。
    A. 0.5m   B. 1m   C. 1.5m   D. 2m

20. 一些资料表明,心跳呼吸停止,在( )min内进行抢救,约80%可以救活。
    A. 1   B. 2   C. 3

21. 拉开闸刀时,如果出现电弧,应( )。
    A. 迅速拉开   B. 立即合闸
    C. 缓慢拉开

22. 两根等高避雷针的保护范围,一般情况下两针间距与针高之比 D/h 不宜大于( )。
    A. 5   B. 6   C. 8   D. 10

23. 螺口灯头的螺纹应与( )相接。
    A. 中性线   B. 相线   C. 地线
24. 墙边开关安装时距离地面的高度为( )m。
    A. 1.3   B. 1.5   C. 2
25. 人体距离电流入地点越近,承受的跨步电压( )。
    A. 越高   B. 越低   C. 为零   D. 一样
26. 人体直接接触带电设备或线路中的一相时,电流通过人体流入大地,这种触电现象称为( )触电。
    A. 单相   B. 两相   C. 三相
27. 室内一般的灯具距地面的高度不应少于( )。
    A. 2m   B. 1.4m   C. 1.5m   D. 1.7m
28. 为了防止误操作,常用的联锁装置有( )。
    A. 机械联锁、电气联锁、电磁联锁、钥匙联锁
    B. 机械联锁、电气联锁、电磁联锁、限制联锁
    C. 电气联锁、电磁联锁、控制联锁、钥匙联锁
    D. 自动联锁、电气联锁、电磁联锁、限位联锁
29. 为了检查可以短时停电,在触及电容器前必须( )。
    A. 充分放电
    B. 长时间停电
    C. 冷却之后
30. 相线应接在螺口灯头的( )上。
    A. 中心端子
    B. 螺纹端子
    C. 外壳
31. 照明开关的安装要求中,分路总开关距离地面的高度为( )。
    A. 1.8~2m   B. 1.4m
    C. 1.5~2m   D. 1.m
32. 照明线路每个分支路导线间及对地的绝缘阻值应不小于0.5MΩ,小于0.5MΩ时,应做交流( )的耐压实验。
    A. 1000V   B. 220V   C. 380V   D. 500V
33. 遮拦高度应不低于1.7m,底部离地应不超过( )。
    A. 0.7m   B. 1.0m   C. 1.5m   D. 2.0m
34. 中性点接地系统中用电设备的外壳应采用( )。
    A. 保护接零   B. 保护接地
    C. 既不接地也不接零   D. 重复接地
35. ( )雷电放电时,在附近导体上产生的静电感应和电磁感应。
    A. 直击雷   B. 感应雷   C. 球形雷   D. 片形雷

36. 20~35kV及以下电气设备不停电的安全距离为( )m。
   A.0.35   B.1.00   C.2.00   D.0.70
37. 安全腰带是由大小( )带子组成的。
   A.一根   B.两根   C.三根   D.四根
38. 按规定,低压带电作业至少有( )人作业。
   A.1   B.2   C.3   D.4
39. 插座接线时应按照( )的原则进行接线。
   A.左火右零上接地
   B.左零右火上接地
   C.左地右零上接火
   D.左火右上地接零
40. 常用开关设备安装高度为( )。
   A.1m   B.1.3~1.5m
   C.2.0~2.5m   D.3.0~3.7m
41. 成年男性的平均摆脱电流约为( ),成年女性的平均摆脱电流约为10.5mA。
   A.10mA   B.16mA   C.20mA   D.30mA
42. 成套装置中导线颜色的规定,交流三相电路的安全用的接地线为( )。
   A.黄色   B.黄和绿双色
   C.浅蓝色   D.褐色
43. 电气火灾发生时,应先切断电源再扑救,但不知或不清楚开关在何处时,应剪断电线,剪切时要( )。
   A.几根线迅速同时剪断
   B.不同相线在不同位置剪断
   C.在同一位置一根一根剪断
44. 对人体伤害最严重的电流频率是( )Hz。
   A.0   B.50   C.1000   D.2000
45. 概率为50%时,成年男性的平均感知电流约为( )。
   A.0.5m   B.1.1m   C.2m   D.10m
46. 高压设备的基本绝缘安全用具有( )。
   A.绝缘手套、绝缘鞋、绝缘垫及绝缘台等
   B.绝缘棒、绝缘夹钳和高压验电笔等
   C.电工常用的带绝缘柄的工具
   D.绝缘棒、接地线等
47. 工作人员在20~35kV及以下电压等级中正常活动范围与带电设备的安全距离为( )m。
   A.0.35   B.0.60   C.1.00   D.2.00

48. 家用电器回路使用的漏电保护器的动作电流应取( )mA。
    A. 15   B. 30   C. 100   D. 300
49. 建筑物的防雷措施应选用( )。
    A. 避雷针、避雷线、避雷网
    B. 避雷针、避雷网、避雷带
    C. 避雷针、避雷网、避雷器
50. 绝缘手套属于( )安全用具。
    A. 直接   B. 辅助   C. 基本
51. 人体同时接触带电设备或线路中的两相导体时,电流从一相通过人体流入另一相,这种触电现象称为( )触电。
    A. 单相   B. 两相   C. 感应电
52. 如果触电者心跳停止,有呼吸,应立即对触电者施行( )急救。
    A. 仰卧压胸法   B. 胸外心脏按压法
    C. 俯卧压背法
53. ( )可用于操作高压跌落式熔断器、单极隔离开关及装设临时接地线等。
    A. 绝缘手套   B. 绝缘鞋
    C. 绝缘棒
54. 安全变压器的一次侧和二次侧应该( )。
    A. 接地   B. 接零
    C. 装熔断器   D. 装短路开关
55. 穿管导线内最多允许( )个导线接头。
    A. 2   B. 1   C. 0
56. 高压触电时,不能用干燥木棍、竹竿去拨开高压线。应与高压带电体保持足够的安全距离,防止( )。
    A. 单相触电   B. 两相触电
    C. 跨步电压触电   D. 低压触电
57. 绝缘安全用具分为( )安全用具和辅助安全用具。
    A. 直接   B. 间接   C. 基本
58. 绝缘台和绝缘垫只作为( )安全用具。
    A. 基本   B. 特殊   C. 辅助   D. 变电所
59. 绝缘靴应放在( ),不应代替一般套鞋使用。
    A. 干燥地面   B. 一般工具箱内
    C. 专用橱内   D. 鞋架上
60. 人触电后能自行摆脱电源的最大电流称为( )电流。
    A. 感知   B. 致命   C. 非摆脱   D. 摆脱

61. 通过人体最危险的电流路径是(　　)。
    A. 从一只脚到另一只脚
    B. 从一只手到一只脚
    C. 从右手到右脚
    D. 从左手到前胸
62. 防雷接地装置的接地电阻一般应(　　)。
    A. 大于 10Ω　　　　B. 不大于 10Ω
    C. 小于 1Ω　　　　 D. 不小于 10Ω

模块 4 电工操作技能

电工技术是一门实践性很强的课程,所以除了要求学生掌握直流电路、交流电路以及电工技术应用等基本知识,还要求学生在实际工作中必须具备规范的电工操作技能,能正确使用常用的电工工具和测量仪器。

【本模块重点】

常用电工工具使用及注意事项;电工材料的特性及选用;导线的剖削及连接;万用表、电流表和电压表结构、使用方法及注意事项。

【本模块难点】

常用电工工具使用及注意事项;导线的剖削及连接;万用表、电流表和电压表结构、使用方法及注意事项。

【建议学时】

18 学时

单元 8

常用电工工具及电工材料

【知识目标】

1. 熟悉各种常用电工工具的特点、使用方法及应用注意事项等。

2. 熟悉各种常用电工材料的特点、应用及应用注意事项等。

【技能目标】

具备基本的电工操作技能。

【素质目标】

1. 树立"生命至上、安全第一"的理念。
2. 树立规范意识。

【翻转课堂】

课前,教师安排学习任务,学生分成学习小组,各小组课前充分学习讨论,预习本单元内容。课中,小组代表上台使用 PPT 讲解本单元重点内容。讲解内容包括:常用电工工具功能、特点;常用电工材料类型、特征。教师评价、答疑,通过交流讨论,突破难点内容。课后,学生完成作业并预习下次课内容,教师检查作业,掌握学生学习情况,为下次备课做准备。

● 内容结构

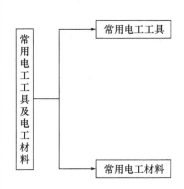

单元 8-1　常用电工工具

本单元学习电工作业时常用的几种电工工具,电工作业人员必须熟练应用和规范操作这些电工工具。

一、低压验电器

低压验电器又称试电笔,是检验电线和电气设备是否带电的一种简单有效的常用电工工具。按照外观不同,常用的低压验电器分为笔式低压验电器和螺丝刀式低压验电器。低压验电器外观如图 8-1-1 所示。

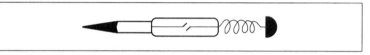

图 8-1-1　低压验电器外观

低压验电器的结构组成如图 8-1-2 所示,包括探测端、降压电阻、氖管、弹簧、尾部金属等。

图 8-1-2　低压验电器的结构组成

低压验电器的使用方法及注意事项:

(1) 使用前检查验电器的完好性。

(2) 笔式和螺丝刀式低压验电器使用时正确握法如图 8-1-3 所示,注意让尾部金属接触到食指根部或大拇指顶部。

图 8-1-3　正确握法

(3) 验电时,将验电器探测端逐渐靠近被测体,直至氖管发光。

(4) 氖管发光越亮,表示被测电压越高。

(5) 氖管两个极均发光,表示被测电压是交流电压;只有一个极发光,则表示被测电压是直流电压。

(6) 检验交流电时,氖管发光表示所测为相线;若氖管不发光,表示所测为中性线。

(7) 验电器探测端尽管与螺丝刀形状相同,但其承受力矩小,不可作为螺丝刀使用。

(8)验电器绝缘体有明显破损或裂痕时,请勿使用。

二、旋转工具

1. 螺钉旋具

螺钉旋具是旋转螺钉的一种专用工具,又称为螺丝刀或改锥,如图 8-1-4 所示,主要由两部分构成:前端是金属刀体和刀头,后端是木柄或者是塑料绝缘手柄。

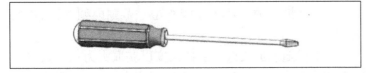

图 8-1-4 螺钉旋具

根据刀头的不同,分为一字形(又称平口)螺丝刀和十字形螺丝刀。根据刀体长度不同又分为多种型号,常用型号有 50mm、75mm、100mm、125mm、150mm 等。

螺丝刀使用方法及注意事项:

(1)对大小不同螺钉作业时,应选用对应的刀头(十字形或一字形)以及大小不同的规格型号;螺丝刀的握法也有区别。

(2)螺丝刀电工作业时避免手指等肢体接触到刀体。

2. 螺母旋具

螺母旋具是旋转螺母或有棱角螺钉的一种电工作业工具,又称活动扳手或活络扳手。其形状及结构如图 8-1-5 所示。

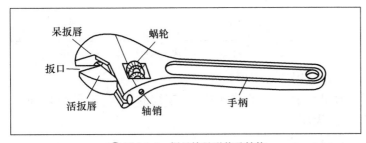

图 8-1-5 螺母旋具形状及结构

根据扳手的长度和扳口大小不同,将扳头分为多种型号,常用型号有 150mm×19mm、200mm×24mm、250mm×30mm 等,每一组数据的前一个数字表示扳手体长、后一个数字表示扳口大小。

螺母旋具使用方法及注意事项:

(1)根据所旋转螺母大小选用合适规格型号的扳手。

（2）针对大小不同的螺母，使用扳手的握法不同。如图8-1-6所示，扳动大螺母时，手握扳手尾部，以获取较大的力矩；扳动小螺母时，手握扳手前部，大拇指压在蜗轮上，方便随时调节扳口大小。

a)扳动大螺母　　　　　b)扳动小螺母

图8-1-6　扳手的握法

（3）扳手扳口的大小可在规格型号范围内调整，以适用螺母尺寸。

（4）不得随意加长扳手手柄长度以获取大力矩。扳口必须夹紧螺母两侧平面，不得反方向用力旋转扳手，不得将扳手用作锤子，以免损坏扳手。

三、电工钳

1. 剪钳

剪钳又称偏口钳或斜口钳，是电工作业常用工具，用于剪断导线、元件引脚、套管、扎线等，其形状如图8-1-7所示。电工常用剪钳的规格有150mm、175mm、200mm、250mm等。

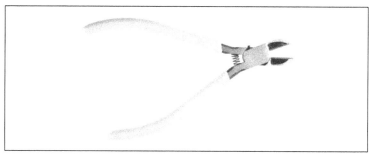

图8-1-7　剪钳形状

剪钳应用注意事项：

剪钳一般适用于剪断较软、较细的导线，不可剪切硬钢丝，以免损坏刀口。

2. 钢丝钳

钢丝钳是用于剪切或夹持硬铜线或钢（铁）丝线的工具，其结构如图8-1-8所示。把柄上配有绝缘套，耐压500V以上。

根据剪切或夹持的对象不同，可选用不同尺寸的钢丝钳。其常用的尺寸有150mm、175mm、200mm等。

钢丝钳用途：钳口用于夹持或绞弯硬导线或金属物品以及非金属材料；齿口用于夹持并旋转螺钉、螺母等物品；刀口用于剪切硬导线等，侧口用于切断较硬的钢丝、铁丝等。

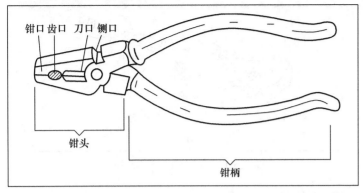

● 图 8-1-8 钢丝钳结构

钢丝钳应用注意事项：
(1) 使用前检查把柄绝缘套的完好性。
(2) 不要同时剪切两条电线，以免导致短路。
(3) 可以夹持、旋动小尺寸螺钉、螺母，若旋动大尺寸螺钉、螺母，需用专用工具，如螺丝刀或扳手等。

3. 尖嘴钳

如图 8-1-9 所示，剪嘴钳的钳口细长，适用于探进狭小空间进行操作，替代钢丝钳完成一些作用力较小的精细操作。

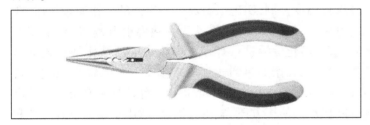

● 图 8-1-9 尖嘴钳

尖嘴钳常用规格有 130mm、160mm、180mm、200mm 等。尖嘴钳可以看作小型精细的钢丝钳，其用途及注意事项可参见钢丝钳。

4. 剥线钳

电工接线时需要将导线外层的绝缘层剥出，剥线钳是专业剥线工具。剥线钳外形和结构如图 8-1-10 所示，刃口上分布着大小不同的半圆形切口，用于切除不同线径的绝缘层，半圆形切口的直径为 0.5~3mm。

剥线钳应用注意事项：

剥线前应先检查钳手柄绝缘护套的完好性。剥线时选用半圆形刀口稍微大于线芯尺寸，以免损伤芯线。尽量不带电作业，若需带电作业，应做好绝缘防护措施。不能同时剪切两条电线。

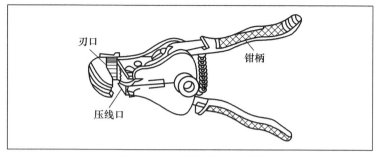

● 图 8-1-10 剥线钳外形和结构

四、电烙铁

电烙铁是电工领域手工焊接的主要工具,选择合适的电烙铁并合理地使用,是保证焊接质量的基础。由于用途、结构的不同,电烙铁多种多样,如按加热方式分为直热式、感应式等,按功率分为 20W、30W、…、300W 等,按功能分为单用式、两用式、调温式等。

常用的电烙铁一般为直热式,直热式又分为外热式、内热式、恒温式三大类。加热体俗称烙铁芯,是由镍铬电阻丝绕制而成。加热体位于烙铁头外面的称为外热式,位于烙铁头内部的称为内热式,恒温式电烙铁则通过内部的温度传感器及开关进行温度控制,实现恒温焊接。它们的工作原理相似,在接通电源后,加热体升温,烙铁头受热温度升高,达到工作温度后,就可熔化焊锡进行焊接。内热式电烙铁比外热式电烙铁热得快,从开始加热到达焊接温度一般只需 3min 左右,热效率高,可达 85%~95% 或以上,而且具有体积小、质量轻、耗电量少、使用方便、灵巧等优点,适用小型电子元器件和印制板的手工焊接。电烙铁结构如图 8-1-11 所示。

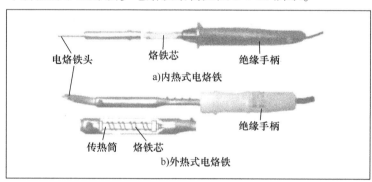

● 图 8-1-11 电烙铁结构

1. 烙铁头的选择与保养

(1) 烙铁头的选择

为了保证可靠方便地焊接,必须合理选用烙铁头的形状与尺寸,图 8-1-12 所示为各种常用烙铁头的外形。其中,圆斜面式是市售烙铁头的一般形式,适用于在单面板上焊接不太密集的焊点;凿式烙铁头多用于电器维修工作;尖锥式和圆锥式烙铁适用于焊接高密度的焊点和小而怕热的元器件,当焊接对象变化大时,选用适合于大多数情况的斜面复合式烙铁头。

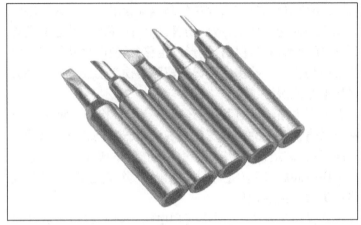

● 图8-1-12　各种常用烙铁头的外形

选择烙铁头的依据是:应使它尖端的接触面积小于焊接处(焊盘)的面积。烙铁头接触面积过大,会使过量的热量传导给焊接部位,损坏元器件及印制板。一般来说,烙铁头越长、越尖,温度越低,需要焊接的时间越长。反之,烙铁头越短、越粗,则温度越高,焊接的时间越短。

操作者可根据习惯选用烙铁头,有经验的电子装配人员手中都备有几个不同形状的烙铁头,以便根据焊接对象的变化和工作的需要随机选用。

(2)烙铁头的保养

①选用合适的焊锡,焊接时应该使用63%～37%铅含量的焊料,并经常以镀锡层保护焊铁头。

②保持烙铁头清洁,用湿润的专用清洁海绵抹去烙铁头上的助焊剂、旧焊锡和氧化物。每一次使用后,一定要把烙铁头上的氧化物清洁干净,再在烙铁头的镀锡层加上新锡。

③经常在烙铁头表面涂上一层锡,这可以降低烙铁头的氧化概率,使烙铁头更耐用。

④不使用烙铁时,应小心地把烙铁摆放在合适的烙铁架上,以免烙铁受到碰撞而损坏。

⑤及时清理烙铁头上的氧化物,当镀锡层部分含有黑色氧化物或生锈时,有可能使烙铁头上不了锡,不能进行焊接工作。如果发现镀锡层有黑色氧化物而不能上锡,必须及时清理。

2. 电烙铁的正确使用

使用电烙铁前首先要核对电源电压是否与电烙铁的额定电压相符，并注意用电安全，避免发生触电事故。电烙铁无论是第一次使用还是重新修整后再使用，使用前均需进行"上锡"处理。上锡后，如果出现烙铁头挂锡太多而影响焊接质量，此时不要甩动烙铁头，以免将高温焊锡甩入周围人的眼中或甩到周围人的身体上，造成伤害，也可能导致烙铁芯的瓷管破裂、电阻丝断损或连接杆变形发生移位，使电烙铁外壳带电造成触电伤害。去除多余焊锡或清除烙铁头上残渣的正确方法是用湿布或湿海绵擦拭烙铁头。

在使用电烙铁的过程中，还应注意经常检查手柄上的坚固螺钉及烙铁头上的锁紧螺钉是否松动，若出现松动，易导致电源线扭动、破损，引起烙铁芯引线相碰，造成短路。电烙铁使用一段时间后，还应将烙铁头取出，清除氧化层，以避免发生烙铁头取不出的现象。

焊接操作过程中，暂时不使用电烙铁时应将烙铁放在烙铁架中，与焊接有关的工具应整齐有序地摆放在工作台上，以养成文明生产的良好习惯。

3. 电烙铁的手持方法

使用电烙铁的目的是加热被焊件进行焊接，但不能烫伤、损坏导线和元器件，为此必须正确掌握手持电烙铁的方法。

手持电烙铁的方法包括反握法、正握法及握笔法。焊接元器件及维修电路板时，握笔法较为方便。

（1）反握法

如图8-1-13a)所示，反握法的动作稳定，长时间操作不易疲劳，适用于大功率电烙铁的操作和热容量大的被焊件。

（2）正握法

如图8-1-13b)所示，正握法适用于中等功率电烙铁或带弯头电烙铁的操作。

（3）握笔法

如图8-1-13c)所示，一般在操作台上焊印制板等焊件，多采用握笔法，但长时间操作易疲劳，烙铁头会出现抖动现象。适用于小功率电烙铁的操作和热容量小的被焊件。

4. 焊锡丝的手持方法

手持焊锡丝的方法一般有连续焊接和断续焊接两种，如图8-1-14所示。

（1）连续焊接

用拇指和食指握住焊锡丝，其余三指配合拇指和食指把焊锡丝连续向前送进，如图8-1-14a)所示，它适用于成卷焊锡丝的手工焊接。

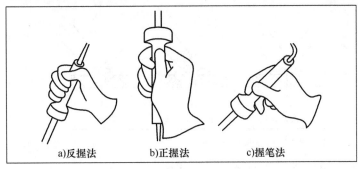

图 8-1-13　电烙铁的握法

（2）断续焊接

用拇指、食指和中指夹住焊锡丝。采用这种拿法时，焊锡丝不能连续向前送进，称断续焊接，适用于小段焊锡丝的手工焊接，如图 8-1-14b）所示。

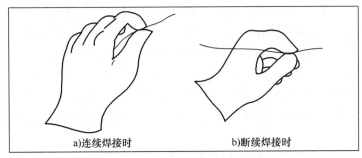

图 8-1-14　焊锡丝的手持方法

由于焊锡丝中含有一定比例的铅，而铅是对人体有害的一种重金属，因此操作时应该戴手套、操作后洗手，避免食入铅尘。

5．焊接操作的基本步骤

图 8-1-15 所示为焊接五步法操作示意图。

（1）准备焊接：左手持焊丝，右手握电烙铁，进入备焊状态。要求烙铁头必须保持干净，表面无焊渣等氧化物，并在表面镀有一层焊锡。如图 8-1-15a）所示。

（2）加热焊件：烙铁头靠近焊件，加热整个焊件全体，时间为 1~2s，如图 8-1-15b）所示。对于在印制板上焊接元器件来说，要注意使烙铁头同时接触焊盘和元器件的引线。

（3）送入焊丝：焊件的焊接面被加热到一定温度后，焊锡丝从烙铁的对面接触焊件，如图 8-1-15c）所示。注意不要把焊锡丝送到烙铁头上。

（4）移开焊丝：当焊丝熔化一定量后，立即向左上 45°方向移开焊丝，如图 8-1-15d）所示。

（5）移开烙铁：焊锡浸润焊盘和焊件的施焊部位后，向右上 45°方向移开烙铁，结束焊接，如图 8-1-15e）所示。

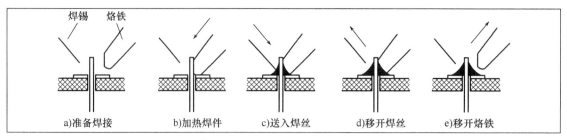

● 图8-1-15 焊接五步法操作示意图

上述过程对一般焊点而言为2~3s。对于热容量较小的焊点,如印制电路板上的小焊盘,有时用三步法概括操作方法,即将上述步骤(2)(3)合为一步,(4)(5)合为一步。

6. 手工焊接操作手法

(1) 保持烙铁头的清洁

焊接时,烙铁头长期处于高温状态,又接触助焊剂等弱酸性物质,其表面很容易氧化腐蚀并沾上一层黑色杂质。这些杂质形成隔热层,妨碍了烙铁头与焊件之间的热传导。因此,要注意用一块湿布或湿的木质纤维海绵随时擦烙铁头。对于普通烙铁头,在腐蚀污染严重时可以使用锉刀修去表面氧化层。对于长寿命烙铁头,就绝对不能使用锉刀修去表面氧化层。

(2) 增加接触面积加快热传导

加热时,应该让焊件上需要焊锡浸润的各部分均匀受热,而不是仅仅加热焊件的一部分,烙铁不要对焊件增加压力,以免造成损坏。

正确的方法是根据焊件的形状选用不同的烙铁头,或者自己修整烙铁头,让烙铁头与焊件形成面的接触,而不是点或线的接触。这样就能大大提高传热效率。

(3) 焊锡桥提高加热效率

所谓焊锡桥,是指烙铁头上保留少量焊锡作为加热时烙铁头与焊件之间传热的桥梁。合理利用焊锡桥可以提高加热效率。

(4) 及时撤离烙铁

加热到合适温度时要及时撤离烙铁,而且撤离时的角度和方向与焊点的形成有关,焊点形成后电烙铁要及时向后45°方向撤。

(5) 焊锡凝固之前保持焊件稳定

焊锡凝固之前保持焊件稳定,切勿使焊件移动或振动,否则极易造成焊点结构疏松或虚焊。

(6) 焊锡用量要适中

过量焊锡不但造成了浪费,而且增加了焊接时间,降低了工作速度。更为严重的是,过量的焊锡很容易造成不易觉察的短路故障。焊锡过少也不能形成牢固的结合,同样是不利的。特别是焊接印制板引出导线时,焊锡用量不足,极容易造成导线脱落。

(7)助焊剂用量要适中

适量的助焊剂对焊接非常有利,过量使用松香焊剂,焊接以后势必需要擦除多余的焊剂,并且延长了加热时间,降低了工作效率。当加热时间不足时,又容易形成"夹渣"。焊接开关、接插件的时候,过量的焊剂容易流到触点上,会造成接触不良。使用松香芯焊丝焊接,基本上不需要助焊剂。

五、登高工具

1. 梯子

梯子是电工人员登高作业时常用的工具。常用的梯子有直梯和人字梯两种,如图 8-1-16 所示。直梯主要应用于有依靠的场合,如可依靠的墙、电线杆等;人字梯主要应用于周围无依靠的场合,如建筑物内吊灯安装、维修等作业。

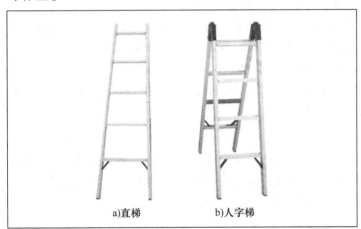

a)直梯　　b)人字梯

● 图 8-1-16　梯子

梯子应用注意事项:

(1)应用直梯时,梯脚与靠墙之间的距离为梯子长度的 1/4 到 1/3,直梯与地面夹角为 60°~75°。

(2)直梯梯脚设置防滑措施。

(3)使用人字梯时开角约 30°。

(4)人字梯开脚两侧设置拉绳,防止开角过大。

(5)梯上操作时,操作人员腰部不应高于梯子顶端。

(6)严禁在人字梯顶端骑马式站立作业。

2. 登高杆踏板

登高杆踏板又称蹬板或三角板,是电工人员登杆高处作业的常用工具,主要由踏板、绳索、挂钩等组成,如图 8-1-17 所示。踏板由坚固木板制成,绳索一般用坚韧的白棕绳制成,绳索两端固定在踏板两端,绳索对折后长度约为人高加上一个臂长的长度。绳索和踏板能承受 300kg 以上的负荷。

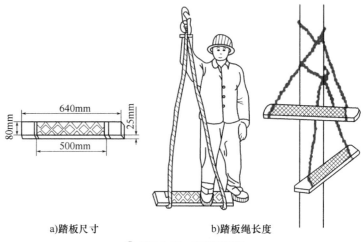

a)踏板尺寸　　b)踏板绳长度

图 8-1-17　登高杆踏板

登高杆踏板应用注意事项:

(1)使用前,应认真检查登高杆的完好性,不许有断裂或腐变;检查绳索完好性,不能有断股、划伤等。

(2)踏板挂钩必须正钩。

(3)操作人员站立在踏板上作业时,应保持身体平稳,双脚夹紧电杆。

3. 脚扣

脚扣是电工作业人员攀爬立杆时使用的工具,又称铁脚或铁扣。脚扣由活动钩、扣体、踏盘、扣带、防滑脚垫等组成。如图 8-1-18 所示。

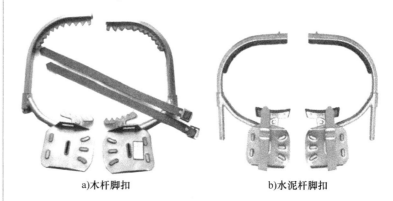

a)木杆脚扣　　b)水泥杆脚扣

图 8-1-18　脚扣

根据用途不同,脚扣分为用于木杆的脚扣和用于水泥杆的脚扣。根据攀爬立杆的粗细不同,脚扣有大小不同的尺寸。

脚扣应用注意事项:

(1)每次使用前应认真检查脚扣的完好性,检查是否有松动、变形、伤痕等。

(2)检查扣带应无折断、破损,切勿用一般绳索代替扣带。

(3)检查欲攀爬的立杆是否完好牢固,杆附近有无电线及障碍物。

(4)上杆或下杆时,确保脚扣完全套入,并可靠扣牢杆体,方可移动身体。

(5)上杆跟作业前,应在地面设置一定范围的禁入区。

4. 安全腰带

安全腰带的作用是在高空作业时,用于拴系保险绳、腰绳、吊物绳等,确保作业人员的安全。安全腰带一般与安全绳、腰绳、吊物绳等组合使用,如图 8-1-19 所示。应用时应将腰带套紧在作业人员腰与臀之间的部位,保险绳一端系在腰带上,另一端扣牢在杆体牢固部件上,腰绳绕过杆体并将腰绳两端与腰带扣牢。

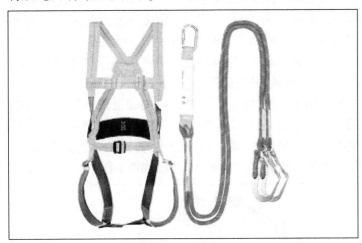

● 图 8-1-19 安全腰带

安全腰带应用注意事项:

(1)使用前仔细检查腰带、保险绳、腰绳的完好性,检查其是否有破损、断股等。

(2)作业时一定勾好安全钩环,上好保险装置。

(3)保险绳一端牢固扣在杆体上某坚固部位,另一端扣牢在腰带上。

(4)腰绳的松紧要调整合适。

单元 8-2　常用电工材料

常用的电工材料大致包括三类：导电材料、绝缘材料和半导体材料。

一、导电材料

所谓导电材料，就是指允许电流流过的材料。电工材料中的导电材料有金、银、铜、铝、锡、铅等金属材料，最常用的导电材料是铜、铝，一些合金材料也具有良好的导电性能。

铜具有良好的导电性，同时具有良好的导热性、坚韧性、可塑性、耐磨性、抗氧化性、抗腐蚀性等优点，广泛应用在电工电路中。例如，铜可应用于导线、电缆、变压器、发动机等各类线缆和各类电气设备。铝也具有类似铜的优良特性，但其导电性和机械强度等性能等稍逊于铜。早期导线多使用铝，现在基本上被铜线代替。铜（铝）还可以与其他金属混合成为铜（铝）合金，不同的铜（铝）合金具有不同的电气特性或机械特性，以满足不同的需求。例如，锆铜合金具有良好的耐热性能和机械性能，可应用于换向器和集电环等设备。

导线就是应用铜、铝等金属材料制作的用于导电的电线和电缆。电线由铜、铝作为芯线，芯线外表面覆盖橡胶绝缘层，整体较软，一般用于家庭室内布线。电缆一般由多条彼此绝缘的电线集中起来、外面覆盖一层绝缘外套包裹而成。绝缘外套坚固、质地较硬，适用于室外或野外敷设。

根据用途不同，电缆分为电力电缆和通信电缆。电力电缆用于传输电能，通过的电流大，要求芯线总的截面积大。通信电缆用于传输信息，通过的电流小，需要的芯线截面积小，但每条电缆包含的芯线数量多。如图 8-2-1 所示。

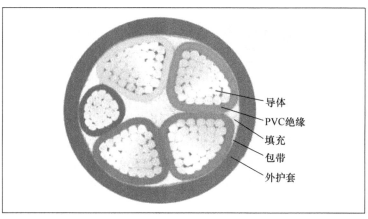

● 图 8-2-1　电力电缆结构示意图

导线选用原则：

影响导线选用的性能指标较多，但选用导线时主要考虑导线型号与规格要满足要求。选用导线型号，主要指不同用途的电力电缆、控制电缆、通信电缆，应用不同环境的普通电缆、铠装电缆、防腐电缆等。选用导线规格，指根据导线长期工作电流、线压降、机械强度等，选择合适的导线截面积，具体的量化数据请参考电工手册和专业资料。

二、绝缘材料

绝缘材料指不能不导电的材料。绝缘材料的电阻率一般大于 $10^7\Omega\cdot m$，主要用于导线绝缘和电气设备绝缘。同时，外层的绝缘材料还具有一定的机械防护作用。

1. 橡胶绝缘材料

橡胶是一种高分子聚合物，具有良好的绝缘性能，同时具有较好的柔性和弹性，作为电工材料广泛应用于电线、电缆的绝缘护套。

橡胶有天然橡胶和人工合成橡胶两大类。天然橡胶柔韧性、回弹性优异，但是在阻燃性、抗老化、耐腐蚀等方面不如人工合成橡胶。天然橡胶主要用于对减震性、柔韧性和弹性有特殊要求的场合。人工合成橡胶是利用不同生产工艺和加工方法合成的橡胶产品，常见的合成橡胶有丁苯橡胶、顺丁橡胶、异戊橡胶、氯丁橡胶、丁基橡胶、丁腈橡胶、乙丙橡胶、硅橡胶等。人工合成橡胶种类繁多，适用于各种不同的绝缘要求，而且具有较高的性价比，广泛用于各种电线、电缆的护套、绝缘材料。

2. 塑料绝缘材料

塑料是电工技术中应用非常广泛的化工产品，具有良好的绝缘性能。根据其热塑性能不同，分为热塑性塑料和热固性塑料。

热塑性塑料加热后会变软并均匀流动，冷却成型后可重复加热再冷却，主要有聚乙烯、聚丙烯、聚氯乙烯、聚苯乙烯、聚甲醛等。热塑性材料的加热、熔化与冷却硬化是一种物理变化，不改变其化学成分和结构，具有可逆性。

热固性塑料，初冷加热可以软化流动，当加热到一定温度时会发生化学反应，冷却固化后不可逆，再次加热不会软化和流动。热固性塑料有酚醛、环氧树脂、三聚氰胺甲醛、不饱和聚酯、硅树脂等。

3. 云母绝缘材料

云母具有非常好的绝缘性能，而且耐高温、耐酸、耐碱、抗压,广泛应用于电机等电工产品中。云母种类较多,电工中应用最多的是白云母和金云母,白云母电气性能优于金云母,而金云母在柔软性和耐热性方面优于白云母。

三、半导体材料

除了上述导电材料和绝缘材料,还有一类材料,其导电性能介于导电材料和绝缘材料之间,称为半导体材料。电工电子中常用的半导体材料有硅、锗等。

纯净的半导体称为本征半导体,本征半导体中载流子浓度低、导电性能弱,且不可控。纯净半导体中掺入适量的特定元素,可以使其导电性能显著改善,而且可以通过控制掺入的特定元素种类和浓度不同控制其导电性能,这一类半导体称为杂质半导体。

在本征半导体中掺入微量五价元素(如磷、砷、锑),则构成 N 型半导体,因为磷、砷、锑原子有五个价电子,它与邻近的四个原子组成共价键时,多出一个价电子便成为自由电子,使得半导体中的电子载流子数量大大提高。电子为多数载流子,而空穴为少数载流子。

在本征半导体中掺入微量三价元素(如硼、铝、钴),则构成 P 型半导体,因为硼、铝、钴原子有三个价电子,它与邻近的四个原子组成共价键时,因缺少一个价电子而出现大量空穴,使得半导体中的空穴载流子数量大大提高。电子为少数载流子,而空穴为多数载流子。

利用 N 型和 P 型半导体的不同组合,可获得二极管及三极管,具有单向导电性和电压、电流放大作用。利用半导体的电导率对外界因素的敏感性,可以制作一系列电工电子元件,如半导体在不同光照环境下能产生光电效应,从而制成光敏元件,此外,还有热电效应、霍尔效应、磁阻效应、压电效应、场效应等,都可以对应不同效应,制成不同的电工元器件。

技能训练 2　导线的剖削

请同学们完成技能训练 2 导线的剖削,见教材实验实训手册。

技能训练 3　导线的连接

请同学们完成技能训练 3 导线的连接,见教材实验实训手册。

◀ 单元知识网络

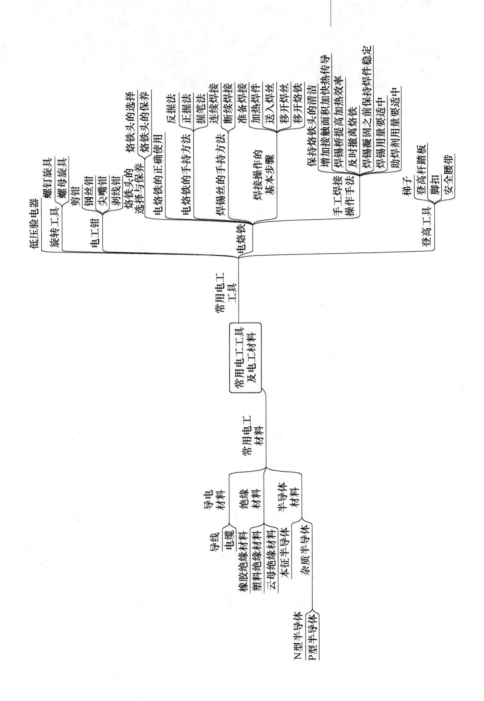

模块4 电工操作技能

考证训练

班级：_____ 姓名：_____ 学号：_____ 成绩：_____

一、判断题（每题1分，计42分）

1. 绝缘棒主要用来操作低压线路的刀闸、跌落开关等。（   ）

2. 室内灯具灯头使用的导线最小线芯面积，工业建筑中的铜线不得小于 0.7 mm^2。（   ）

3. 手持电动工具有两种分类方式，即按工作电压分类和按防潮程度分类。（   ）

4. 手持式电动工具接线可以随意加长。（   ）

5. 为了保证带电作业的安全性要求，带电作业工具中所用金属部分应尽量选择铁制部件。（   ）

6. 锡焊晶体管等弱电元件应用 100W 的电烙铁。（   ）

7. 用低压验电笔检验直流电时氖管电极不发亮。（   ）

8. 用电笔检查时，电笔发光就说明线路一定有电。（   ）

9. 用电笔验电时，应赤脚站立，保证与大地有良好的接触。（   ）

10. 用电压表测量线路电压时，电压表应与被测线路串联。（   ）

11. 在雨、雪、雾及湿度较大的情况下，在室外可以正常使用高压验电器。（   ）

12. 剥线钳是剥削小导线头部表面绝缘层的专用工具。
　　　　　　　　　　　　　　　　　　　（　　）

13. 不同线路或设备对绝缘阻值有不同的要求，运行中的线路或设备，绝缘电阻可降低为每伏工作电压 1MΩ。
　　　　　　　　　　　　　　　　　　　（　　）

14. 电工安全用具分为绝缘安全用具和一般防护安全用具。　　　　　　　　　　　　　　　　　（　　）

15. 电工刀的手柄是无绝缘保护的，不能在带电导线或器材上剖切，以免触电。　　　　　　　　　（　　）

16. 电工钳、电工刀、螺丝刀是常用电工基本工具。
　　　　　　　　　　　　　　　　　　　（　　）

17. 电工仪表主要分为直读式仪表和比较式仪表。
　　　　　　　　　　　　　　　　　　　（　　）

18. 高压验电笔是用来检查高压网络变配电设备、架空线、电缆是否带电的工具。　　　　　　　（　　）

19. 黄绿双色的导线只能用于保护线。　　（　　）

20. 接地线是为了在已停电的设备和线路上意外地出现电压时保证工作人员安全的重要工具。按部颁规定，接地线必须是 25mm² 以上裸铜软线制成。　　（　　）

21. 截面积较小的单股导线平接时可采用绞接法。
　　　　　　　　　　　　　　　　　　　（　　）

22. 进入高空作业现场，应戴安全帽；高处作业人员必须使用安全带。　　　　　　　　　　　　　（　　）

23. 绝大多数的金属材料温度升高时，电阻将增大。
　　　　　　　　　　　　　　　　　　　（　　）

24. 绝缘棒应垂直存放，不准接触墙壁，其目的是防止受潮。　　　　　　　　　　　　　　　　　　（　　）

25. 绝缘棒在闭合或拉开高压隔离开关和跌落式熔断器，装拆携带式接地线，以及进行辅助测量和实验使用。
　　　　　　　　　　　　　　　　　　　（　　）

26. 绝缘材料的耐热等级中，耐热等级 F 对应的极限温度为 155℃。　　　　　　　　　　　　　　（　　）

27. 绝缘防护是指用绝缘材料将导体包裹起来，使带电体与带电体之间或带电体与其他导体之间实现电气上的隔离，使电流沿着导体按规定的路径流动。（　　）

28. 绝缘夹钳属于基本安全用具。　　　　（　　）

29. 绝缘体被击穿时的电压称为击穿电压。（　　）

30. 临时用电线路要安装漏电保护器。　　（　　）

31. 漏电保护接地适用于中性点不直接接地电网。
　　　　　　　　　　　　　　　　　　　（　　）

32. 漏电保护器是一种当人体发生单相触电或线路漏电时能自动切断电源的装置。（　　）

33. 漏电断路器在被保护电路中有漏电或有人触电时，零序电流互感器就产生感应电流，经放大使脱扣器动作，从而切断电路。（　　）

34. 漏电开关跳闸后，允许采用分路停电再送电的方式检查线路。（　　）

35. 路灯的各回路应有保护，每一灯具宜设单独熔断器。（　　）

36. 螺口灯头的台灯应采用三孔插座。（　　）

37. 携带型接地线是临时用短路接地的安全用具。（　　）

38. 低压验电器只能在380V及以下的电力系统和设备上使用。（　　）

39. 验电器在使用前必须确认验电器良好。（　　）

40. 验电时，必须用电压等级合适而且合格的验电器。（　　）

41. 验电是保证电气作业安全的技术措施之一。（　　）

42. 作为一名合格的电工，应积极宣传电气安全知识，维护安全生产秩序，有权制止任何违章指挥或违章作业。（　　）

二、单选题（每题2分，计38分）

1. (　　)是登杆作业时必备的保护用具，无论用登高板或脚扣都要与其配合使用。
　　A. 安全带　　B. 梯子　　C. 手套

2. 保险绳的使用应(　　)。
　　A. 高挂低用　　　　B. 低挂调用
　　C. 保证安全

3. 测量电压时，电压表应与被测电路(　　)。
　　A. 并联　　B. 串联　　C. 正接

4. 常用屏护的选择，配电装置的遮栏和开关的罩壳一般选用(　　)。
　　A. 永久性的　　　　B. 临时性的
　　C. 固定的　　　　　D. 移动的

5. 成套装置中导线颜色的规定，交流三相电路的1相用(　　)。
　　A. 黄色　　B. 绿色　　C. 浅蓝色　　D. 褐色

6. 断路器的选用,应先确定断路器的(   ),然后才进行具体参数的确定。
   A. 类型   B. 额定电流
   C. 额定电压

7. 高压验电器的发光电压不应高于额定电压的(   )%。
   A. 25   B. 50   C. 75

8. 导线接头缠绝缘胶布时,后一圈压在前一圈胶布宽度的(   )。
   A. 1/3   B. 1/2   C. 1

9. 导线接头的机械强度不小于原导线机械强度的(   )%。
   A. 80   B. 90   C. 95

10. 导线接头的绝缘强度应(   )原导线的绝缘强度。
    A. 大于   B. 等于   C. 小于

11. 导线接头要求应接触紧密和(   )等。
    A. 拉不断   B. 牢固可靠
    C. 不会发热

12. 导线有单股和多股两种,一般截面积在(   )以下为单股线。
    A. 6mm²   B. 10mm²   C. 16mm²   D. 25mm²

13. 电烙铁用于(   )导线接头等。
    A. 铜焊   B. 锡焊   C. 铁焊

14. 尖嘴钳150mm 是指(   )。
    A. 其绝缘手柄为150mm
    B. 其总长度为150mm
    C. 其开口为150mm

15. 使用剥线钳时应选用比导线直径(   )的刃口。
    A. 相同   B. 稍大   C. 较大

16. 低压验电器俗称试电笔,检测的电范围为(   )。
    A. 25～220A   B. 25～400A
    C. 60～500A   D. 60～600A

17. 下列材料不能作为导线使用的是(   )。
    A. 铜绞线   B. 钢绞线   C. 铝绞线

18. 下列材料中,导电性能最好的是(   )。
    A. 铝   B. 铜   C. 铁

19. 稳压二极管工作在反向击穿状态,因此在电路中必须(   )。
    A. 正接   B. 反接
    C. 反、正接一样   D. 上述说法均正确

单元 9
常用电工测量仪表的使用

【知识目标】

1. 熟悉电工电路中常用的测量仪器仪表。

2. 掌握模拟式万用表和数字式万用表的基本结构、使用方法、使用注意事项。

3. 熟悉电流表基本结构、量程扩展、使用方法、使用注意事项。

4. 熟悉电压表基本结构、量程扩展、使用方法、使用注意事项。

【技能目标】

掌握基本的电工测量仪表使用技能。

【素质目标】

1. 培养爱岗敬业精神。

2. 树立规范意识。

● 内容结构

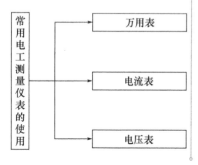

【翻转课堂】

课前,教师安排学习任务,学生分成学习小组,各小组课前充分学习讨论,预习本单元内容。课中,小组代表上台使用PPT讲解本单元重点内容。讲解内容包括:万用表、电流表、电压表的结构、使用方法及注意事项等。教师评价、答疑,通过交流讨论,突破难点。课后,学生完成作业并预习下次课内容,教师检查作业,掌握学生学习情况,为下次备课做准备。

单元 9-1
万用表

万用表又称三用表，是基本的常用电工测量仪表。万用表是一种多功能、多量程的测量仪表，一般万用表可测量电阻、电流、电压等，有的万用表还可以检测电容量、电感量及半导体的一些参数。万用表是一种简单实用的测量仪器，分为模拟式万用表和数字式万用表两种。

一、模拟式万用表

1. 模拟式万用表简介

模拟式万用表是通过指针在表盘上摆动幅度的大小来指示被测量的数值，因此，也称其为指针式万用表，如图 9-1-1 所示。图 9-1-2 所示为模拟式万用表表盘。

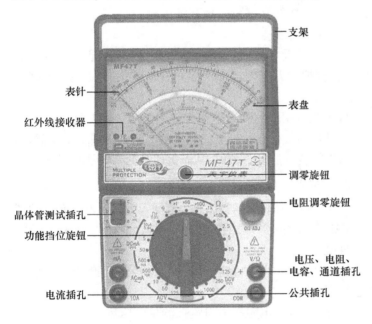

● 图 9-1-1　模拟式万用表

模拟式万用表的样式很多，但基本结构是类似的。模拟式万用表的结构主要由表头（指示部分）、挡位转换开关、测量电路等组成。万用表的面板上带有多条标度尺的刻度盘、转换开关旋钮、调零旋钮和接线孔等。

（1）表头

模拟式万用表的表头一般采用灵敏度高、准确度好的磁电式直流微安表，它是模拟式万用表的关键部件，模拟式万用表的性能如何很大程度上取决于表头的性能。

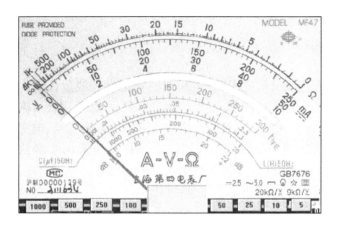

● 图9-1-2　模拟式万用表表盘

(2) 挡位转换开关

模拟式万用表的转换装置是用来选择测量项目(交流电压、直流电压、直流电流、电阻)和量程(或倍率)的。它主要由转换开关、接线柱、旋钮、插孔等组成。

(3) 测量电路

测量电路是模拟式万用表的重要部分,正是因为有了测量电路,模拟式万用表才成为多量程电流表、电压表、欧姆表的组合体。

模拟式万用表的测量电路主要由电阻、电容、转换开关和表头等部件组成。在测量交流电量的电路中使用了整流器件,将交流电转变为脉动直流电,从而实现对交流电量的测量。

2. 模拟式万用表使用注意事项

(1) 正确选择表笔插孔。黑表笔插入表盘下方标有"−"或者"COM"符号的公共端插孔,红表笔插入表盘下方标有"+"符号的插孔。

(2) 根据被测量的物理量不同,将挡位切换开关切换到对应位置。

切记:不可用电阻挡或电流挡测量电压量。

(3) 根据被测物理量估值大小,测量本物理量前将量程大小切换至适当量程。如果无法估计被测物理量值的大小,应选择本物理量的最大量程,粗略测量估计出被测物理量值的大小,再切换至适当量程仔细测量。

(4) 在测量电阻、电压、电流前应先检查表针是否在"0"刻度的位置上,如不在"0"刻度的位置上,调整机械调零螺栓使表针指在"0"刻度的位置上。表针调零后,再把两根表笔插入插孔。另外,还应检查电池的完好性。

(5) 读取测量数据时,一定要正确选择对应标度尺,并通过选择适当量程使万用表指针偏转处于满刻度的1/2到2/3

处为宜。

（6）在使用万用表的过程中，不能用手去接触表笔的金属部分，这样一方面可以保证测量的准确，另一方面可以防止发生触电事故。

（7）在测量某一电量时，不能在测量的同时换挡，是在测量高电压或大电流时更应注意，否则会使万用表毁坏。如需换挡，应先断开表笔再换挡、测量。

（8）万用表在使用时必须水平放置，以免产生误差。同时，要注意避免外界磁场对万用表的影响。

（9）万用表使用完毕后，将挡位置于"空挡"或"OFF"或交流电压挡最大量程。长时间不用万用表时，应将电池取出。

3. 阻值的测量

测量阻值时应选择电阻挡。电阻挡的标志是"Ω"，在Ω挡的两条框线内有×1、×10、×100、×1k四挡。根据被测电阻预估数值选择合适的挡位。例如，我们要测量一只30kΩ的电阻是否准确，就要选择×1k挡，这样才能保证表针在测量时处于刻度线1/2至2/3位置，以减小测量误差。如果测量未知阻值的电阻，应先切换到最大倍率上，以免表针受损，然后根据表针偏转情况再选择合适的倍率。图9-1-3所示为常用的测量电阻接线示意图。

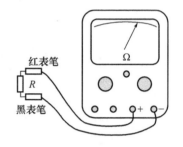

● 图9-1-3　常用的测量电阻接线示意图

4. 直流电压值的测量

（1）测量直流电压值应选择直流电压挡。直流电压挡用符号"V̲"表示。

（2）图9-1-4所示是常用的直流电压测量接线示意图。红、黑表笔分别接入万用表"+""－"孔内，两表笔尖以并联方式连接在被测支路两端。

（3）测量前粗略估计被测直流电压值的大小，选择万用表直流电压挡合适量程。如果无法估计被测量的大小，应先选择直流电压挡最大量程，根据测量情况再切换至合适量程精确测量。例如，被测直流电压预估为20V左右，就可以选择比这个被测电压值略高的50V挡。如果某被测电压值未知，则应先从500V挡开始选取，如表针偏转很小，则说明这个被测电压较低，再依次选择较小的合适挡位，应使万用表指针静止在标度尺的1/2至2/3位置，以减小测量误差。

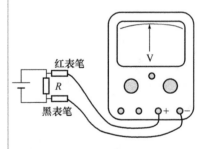

● 图9-1-4　常用的直流电压测量接线示意图

注意：区分正负极，红表笔接高电势端、黑表笔接低电势端。

（4）如果测量前不能判定被测电路两端电势的高低，可以先选择直流电压最大量程,然后将一支表笔接被测电路的一端、将另一支表笔与被测电路的另一端短暂碰触,观察万用表指针偏转方向。如果指针顺时针偏转,则两表笔所接被测电路的高、低电势正确;如果指针逆时针偏转,则表示两表笔所接被测电路的高、低电势不正确,应将红、黑表笔交换连接方式,重新测量。

(5)待指针稳定后,选择表头上对应标度尺,正确读出测量值大小。

5. 交流电压值的测量

(1)测量交流电压值应选择交流电压挡。交流电压挡用"V"表示,"V"表示电压,"～"表示交流,也有的万用表用"AC"表示。

(2)红、黑表笔分别接入万用插孔内(不用区分正负极),两支表笔尖以并联方式连接在被测支路两端。如果被测电压估计值大于500V,应将红表笔插入2500V插孔内,测量高压注意安全。

(3)测量方法参考直流电压值的测量。

6. 直流电流值的测量

(1)测量直流电流值应选择直流电流挡。直流电流挡用"mA"表示,在"mA"框线内有0.1、5、50、500四挡。选挡方法同直流电压挡。

(2)测量电流时,需要将被测电路断开,将万用表串接在被测电路中,并要求被测电流从红表笔流进万用表、从黑表笔流出,如图9-1-5所示。

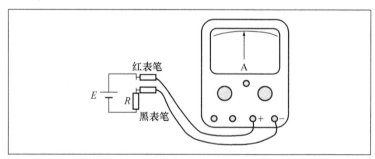

● 图9-1-5 测量直流电流接线示意图

7. 三极管的hFE值的测量

(1)测量三极管的hFE值时,首先将选挡开关旋至$\Omega \times 10$挡,将万用表表笔短路,调节欧姆调零旋钮,使指针指在"0"位,然后分开万用表表笔。

(2)将选择开关旋至hFE挡,然后将被测三极管正确插入"PNP"或"NPN"(表上标注"N"或"P")的插孔。注意三极管的发射极、基极、集电极要分别插入相应的 e、b、c 插孔,不能插错。

二、数字式万用表

数字式万用表是采用集成电路模/数转换器和液晶显示器,将被测量的数值直接以数字形式显示出来的一种电子测量仪器。它操作方便、读数精确、功能齐全、体积小巧、携带方便。数字式万用表可用来测量交直流电压、交直流电流、电阻、二极管正向压降、晶体三极管 hFE 参数及电路通断等。图 9-1-6 所示为 VC9807A 型数字式万用表。

1. 直流电压的测量

(1)将黑表笔插进"COM"孔,红表笔插进"VΩ"孔。

(2)将转换开关置于"V ⎓"量程范围,并将表笔笔尖并接到待测电源或负载上。

注意:①在不知被测电压的范围时,应把转换开关调到最大挡位并根据需要逐步调低挡位。

②数值可以直接从显示屏上读取,若显示为"1",则表明量程太小,要加大量程后再测量。

③不能直接测量高于 1000V 的电压,否则会损坏万用表内部电路。

● 图 9-1-6　VC9807A 型数字式万用表

④特别注意在测量高压时,避免人体接触到高压电路。

2. 交流电压的测量

(1)将黑表笔插进"COM"孔,红表笔插进"VΩ"孔。

(2)将转换开关置于"Ṽ"量程范围内,并将表笔笔尖并接到待测电源或负载上。

注意:①同直流电压测量注意事项①②③。

②不能直接测量高于 750V 的电压,否则会损坏万用表内部电路。

3. 直流电流的测量

(1)将黑表笔插进"COM"孔,当被测电流小于 0.2A,将红表笔插进"mA"孔;如果被测电流为 0.2~20A,则将红表笔插进"20A"孔。

(2)将转换开关置于"A ⎓"量程范围,并将表笔笔尖串接到待测电路中。

注意:①在测量之前不知被测电流的范围时,应把转换开关调到最大挡位并根据需要逐步调低挡位。

②仅最高位显示为"1",则表明量程太小,应加大量程后再测量电路。

③A 插孔输入时,过载会将内装熔断器熔断,更换熔断器的规格应为 2A(ϕ5mm×20mm)。

④"20A"插孔没有使用熔断器,测量时间应小于 15s。

4. 交流电流的测量

测量方法和注意事项类同于直流电流的测量。

5. 电阻的测量

(1)将黑表笔插入"COM"孔,红表笔插入"VΩ"孔(注意:黑表相当于电池正极)。

(2)将转换开关置于所需"Ω"量程上,将表笔笔尖跨接在被测电阻上。

注意:①当输入开路时,会显示过量程状态"1"。

②如果被测电阻超过所用量程,则会指示 1,表示超出量程,应切换高挡量程。当被测电阻在 1MΩ 以上时,须数秒后方能稳定读数。

③检测在线电阻时,须确认被测电路已关掉电源,同时电容已放完电,方能进行测量。

6. 二极管测试

(1)同测量电阻步骤(1)。

(2)测量二极管时,把转换开关拨到有二极管图形符号所指示的挡位上。红表笔接正极,黑表笔接负极。对硅二极管来说,应有 500~800mV 的数字显示。若把红表笔接负极,黑表笔接正极,表读数应为"1"。若正反测量都不符合要求,说明二极管已损坏。

7. 通断测试

(1)将黑表笔插入"COM"孔,红表笔插入"VΩ"孔。

(2)将转换开关拨到"蜂鸣器"挡位,将红、黑表笔置于要检查的线路两端。

(3)若被检查两点之间电阻小于 30Ω,则蜂鸣器会发出声音。

注意:①当输入端接入开路时,显示超出量程状态"1"。

②被测电路必须在切断电源的状态下检查通断情况。

8. 晶体管 hFE 测量

(1)将转换开关置于"hFE"挡。

(2)先确定晶体三极管是 NPN 或 PNP 型,然后再将被测管的 E、B、C 三脚分别插入面板对应的晶体三极管插孔。

(3)数字式万用表显示的是 hFE 的近似值。

9. 读数保持

在测量过程中,将读数保持开关(HOLD)按下,可以保持显示的读数;释放该开关则读数刷新。

单元 9-2 电流表

一、电流表的基本结构

电流表又称安培表,是电工测量中常用来测量电路电流大小的仪表。电流表的最基本结构主要包括永磁体、线圈、线圈两端各连接游丝弹簧、弹簧与线圈之间的连接转轴、两个弹簧各连接一个接线柱、转轴上的指针。这就是最基本的电流表,也称为"表头"。

当有电流通过电流表时,电流流经处于磁场中的线圈产生安培力,安培力克服游丝弹簧的阻力并驱动转轴和指针偏转。流经电流表的电流越大,则产生的安培力越大,安培力驱动指针偏转的角度也越大,所以可以通过指针的偏转角度换算出流经电流表的电流大小。我们在表盘上读出的电流值就是这样换算得到的。

电流表测量电流的基本电路如图 9-2-1 所示;图中 R_C 是表头内阻,其大小等于线圈和游丝的等效阻值;I_C 是表头满刻度,也称为量程。

二、电流表的量程扩展

(1)上述介绍的表头允许通过的电流很小。因为表头内部线圈的导线以及游丝都很细,大电流会导致发热,从而损坏线圈绝缘层,也可能使游丝过热改变弹性,所以上述表头因量程小,只能测量较小的电流。

(2)若要测量较大的电流,则可以通过与表头并联分流电阻的方法扩展量程,如图 9-2-2 所示。

表头并联一个分流电阻 R_S,由图 9-2-2 可知,R_C 所在支路与 R_S 所在支路并联,由分流公式可得:

$$I_C = \frac{R_S}{R_C + R_S} I$$

因为 R_S、R_C 是常数,所以 I_C 与 I 成正比。扩展量程后,我们可以利用 I_C 与 I 的正比关系在表盘刻度尺上直接换算显示被测电流值。

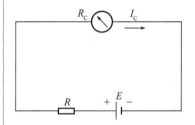

● 图 9-2-1 电流表测量电流的基本电路

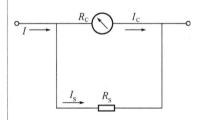

● 图 9-2-2 电流表扩展量程

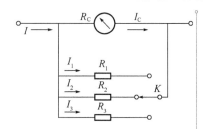

● 图 9-2-3 开路式分流电路

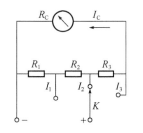

● 图 9-2-4 闭路式分流电路

（3）多量程电流表。

图 9-2-2 所示电路是单量程的电流表，并联一个固定的分流电阻 R_S，只能扩展一个量程。若需要更多量程，则可以采用并联不同分流电阻的方法获得多量程电流表。根据分流电阻连接方式的不同，多量程电流表分为开路式和闭路式两种连接方式。图 9-2-3 所示为开路式连接方式，其优点是切换不同量程时，各量程对应的分流电阻相对独立，彼此不影响；缺点是转换开关若接触不良导致的接触电阻会影响测量结果，接触电阻过大也会导致分流电流变小。图 9-2-4 所示为闭路式连接方式，其优点和缺点与开路式相反。

三、电流表的使用注意事项

（1）选用合适量程的电流表，并检查电流表的完好性。

（2）使用电流表测量电路电流时，应将电流表串联在被测电路中。

（3）如果测量直流电流，注意电流表的极性切勿接反。应该使电流从电流表的正极流入、负极流出。

（4）如果被测交流电流很大，可以利用交流互感器扩大电流表量程。

上述测量电流时，将电流表直接串联在被测电路中，这种测量方法称为直接测量法。直接测量法虽然简单、直接，但是需要将被测电路断开，然后串联接入电流表，给测量工作带来不便，同时可能影响电路正常工作，甚至损坏仪表或其他元件。间接测量法可以避免直接测量法可能出现的上述问题。间接测量法是测量被测电路中某电阻两端电压，利用欧姆定律换算出被测电流。

单元 9-3 ▶ 电压表

一、电压表的基本结构

上一节学习了用"表头"并联电阻可以构成电流表，同理，用"表头"串联电阻可以构成电压表，如图 9-3-1 所示。实际上，单独使用一只"表头"理论上也可以作为电压表测量电压，只是允许测量的电压非常低，大约几十毫伏。为了能够测量较高电压值，可将"表头"与分压电阻串联，这样就可以提高电压表量程。

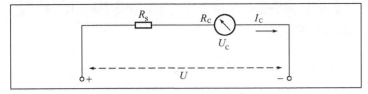

● 图9-3-1　单量程电压表

"表头"量程 U_C：
$$U_C = I_C R_C \tag{9-3-1}$$

电压表量程 U：
$$U = I_C(R_S + R_C) \tag{9-3-2}$$

式中：U_C——"表头"量程，V；
　　　U——电压表量程，V；
　　　I_C——"表头"电流，A；
　　　R_C——"表头"电阻，Ω；
　　　R_S——串联电阻，Ω。

由电流表工作原理可知：指针偏转角度反映了流经"表头"电流的大小。由式(9-3-2)可知：被测电压与"表头"电流大小成正比，所以可以将指针偏转角度换算为被测电压值，表盘标度尺直接标注电压值。

二、电压表量程扩展

（1）前面介绍到直接用"表头"只能测量很小的电压值，其量程很小，为了测量较高电压，则需要扩展电压表量程，如图9-3-1所示。与"表头"串联的分压阻值越大，则电压表量程扩展越大。

（2）由 $U = I_C(R_S + R_C)$ 可知，当"表头"电流 I_C 和电阻 R_C 一定时，扩展量程的大小 U 与串联的分压电阻 R_S 呈正比例变化。

（3）为了测量方便，在扩展量程时，可以将"表头"与多个分压电阻串联，这样就构成了多量程电压表，如图9-3-2所示，R_1、R_2、R_3 为分压电阻。不同数量的分压电阻与"表头"串联，就构成了不同量程的电压表。使用电压表时只需切换到合适的量程即可。

三、电压表的使用

（1）选用合适量程的电压表，并检查电压表的完好性。

（2）使用电压表测量某电路的电压时，应将电压表并联在被测电路两端。如图9-3-3所示。

（3）如果测量直流电压，要注意正确接入电压表的极性，切勿接反。电压表正极接高电势、负极接低电势。

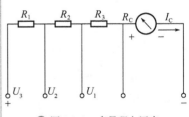

● 图9-3-2　多量程电压表

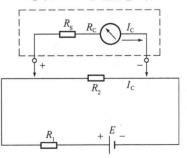

● 图9-3-3　电压表测量某电路的电压

(4)若被测交流电压预估值大于600V,应利用电压互感器降压后再测量。

技能训练4　万用表测量电压、电流

请同学们完成技能训练4万用表测量电压、电流,见教材实验实训手册。

技能训练5　万用表检测、识别主要元器件

请同学们完成技能训练5万用表检测、识别主要元器件,见教材实验实训手册。

单元知识网络

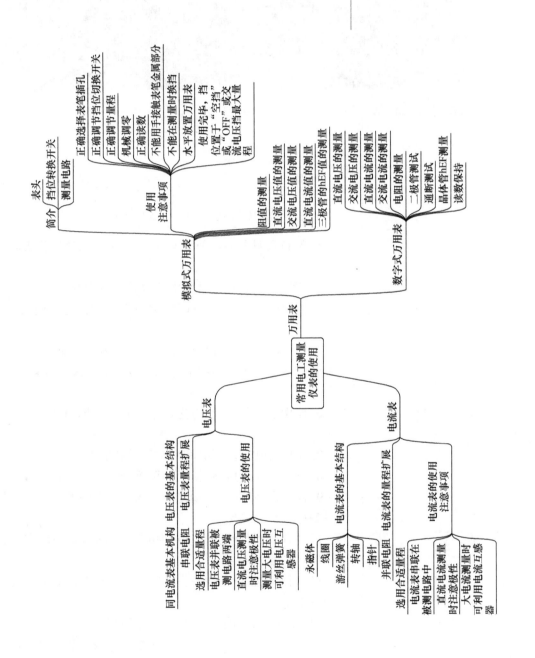

考证训练

班级：_____ 姓名：_____ 学号：_____ 成绩：_____

一、**判断题**（每题1分，计32分）

1. 判断照明电路是否漏电，可用接地电阻测试仪表测量。（   ）

2. 钳形电流表测量过程中可以转换量程开关。（   ）

3. 钳形电流表可做成既能测交流电流，也能测量直流电流。（   ）

4. 钳形电流表一次可以测量多根导线的电流。（   ）

5. 使用万用表电阻挡能够测量变压器的线圈电阻。（   ）

6. 使用摇表测试前，应选取远离外界电场的地位。（   ）

7. 使用兆欧表前不必切断被测设备的电源。（   ）

8. 万用表使用后，转换开关可置于任意位置。（   ）

9. 摇表在使用前，无须先检查摇表是否完好，可直接对被测设备进行绝缘测量。（   ）

10. 用钳表测量电动机空转电流时，不需要挡位变换，可直接进行测量。（   ）

11. 用钳表测量电动机空转电流时，可直接用小电流挡一次测量出来。（   ）

12. 兆欧表由测量机构和低压电源组成。（   ）

13. 兆欧表主要用来测量各种绝缘电阻，表盘度值以 MW 为单位。（   ）

14. 不能带电使用万用表测量电阻，否则不仅得不到正确

的读数,还有可能损坏表头。 (　　)

15. 不同线路或设备对绝缘阻值有不同的要求,携带式电气设备的绝缘电阻不低于2MΩ。 (　　)

16. 接地电阻表主要由手摇发电机、电流互感器、电位器以及检流计组成。 (　　)

17. 钳形电流表测量完大电流马上测量小电流时,须把钳口开合几次。 (　　)

18. 钳形电流表可做成既能测交流电流,也能测量直流电流。 (　　)

19. 钳形电流表使用完毕后,应把量程开关转到最大位置。 (　　)

20. 使用低压验电器之前,应在确认有电的设备上进行实验,确认验电器良好后再进行验电。 (　　)

21. 使用钳形表时,钳口两个面应接触良好,不得有杂质。 (　　)

22. 使用手持式电动工具应当检查电源开关是否失灵、是否破损、是否牢固、接线是否松动。 (　　)

23. 使用万用表测量电阻,每换一次欧姆挡都要把指针调零一次。 (　　)

24. 使用万用表测量电阻,每换一次欧姆挡都要进行欧姆调零。 (　　)

25. 万用表在测量电阻时,指针指在刻度盘中间最准确。 (　　)

26. 吸收比是用兆欧表测定。 (　　)

27. 摇表使用时,必须放置平稳,以免影响测量机构的自由转动,摇动手柄时勿使表受震动。 (　　)

28. 摇测大容量设备吸收比是测量(60s)时的绝缘电阻与(15s)时的绝缘电阻之比。 (　　)

29. 用钳表测量电流时,尽量将导线置于钳口铁芯中间,以减少测量误差。 (　　)

30. 用万用表 $R \times 1k$ 欧姆挡测量二极管时,红表笔接一只脚,黑表笔接另一只脚测得的阻值约为几百欧姆,反向测量时阻值很大,则该二极管是好的。 (　　)

31. 用万用表测量交流电压时,应并联接入被测电路上。 (　　)

32. 用万用表测量直流电流时,应串联接入被测电路中。 (　　)

二、单选题(每题2分,计98分)

1. 测量1Ω以下小电阻,如果要求精度高,应选用( )。
   A. 双臂电桥　　　　　B. 毫伏表及电流表
   C. 单臂电桥　　　　　D. 万用表 $R\times1\Omega$ 挡

2. 电系仪表的( )。
   A. 准确度高,灵敏度高
   B. 准确度低,灵敏度低
   C. 准确度高,灵敏度低
   D. 准确度低,灵敏度高

3. 电工仪表精确度用( )表示。
   A. 相对误差　　　　　B. 绝对误差
   C. 精度　　　　　　　D. 精确度

4. 接地电阻测量仪主要由手摇发电机、( )、电位器以及检流计组成。
   A. 电流互感器　　　　B. 电压互感器
   C. 变压器

5. 钳形电流表的最大优点是( )。
   A. 能在不停电的情况下测量电流
   B. 抗干扰性好
   C. 灵敏度高、准确度高
   D. 本身功耗小

6. 钳形电流表是利用( )的原理制造的。
   A. 电流互感器　　　　B. 电压互感器
   C. 变压器

7. 使用万用表时,测量的种类一定要选择准确,如果误用电流或电阻挡去测电压,就有可能损坏表头,甚至造成测量线路( )。
   A. 短路　　B. 断路　　C. 开路　　D. 接地

8. 使用摇表测试前,被测物必须切断电源和负载,并进行( )。
   A. 放电　　B. 短路　　C. 接地　　D. 充电

9. 万用表实质是一个带有整流器的( )仪表。
   A. 磁电式　　B. 电磁式　　C. 电动式

10. 万用表由表头、( )及转换开关三个主要部分组成。
    A. 测量电路　　　　　B. 线圈
    C. 指针

11. 摇表的额定电压,应根据被测电气设备的额定电压来选择。380V 线路上的设备,选用( )的摇表。
　　A. 500V　　B. 1000V　　C. 1500V　　D. 2500V
12. 直流双臂电桥主要用于精确测量( )。
　　A. 小电阻　　　　　　B. 中电阻
　　C. 大电阻　　　　　　D. 任意阻值电阻
13. ( )仪表由固定的永久磁铁,可转动的线圈及转轴、游丝、指针、机械调零机构等组成。
　　A. 磁电式　　B. 电磁式　　C. 感应式
14. ( )仪表可直接用于交、直流测量,但精确度低。
　　A. 磁电式　　B. 电磁式　　C. 电动式
15. 测量接地电阻时,电势探针应接在距接地端( )m 的地方。
　　A. 5　　　　B. 20　　　　C. 40
16. 磁电系测量机构是根据( )原理制成的。
　　A. 两电荷相互作用的
　　B. 通电线圈在磁场中受力的
　　C. 两磁场相互作用
　　D. 两通电线圈相互作用
17. 磁电系仪表( )。
　　A. 只能测交流　　　　B. 只能测直流
　　C. 交直流两用　　　　D. 只能测脉冲
18. 钳形电流表使用时应先用较大量程,然后再视被测电流的大小变换量程,切换量程时应( )。
　　A. 直接转动量程开关
　　B. 先退出导线,再转动量程开关
　　C. 一边进线一边换挡
19. 钳形电流表由电流互感器和带( )的磁电式表头组成。
　　A. 测量电路　　　　　B. 整流装置
　　C. 指针
20. 万用表电压量程 2.5V 是当指针指在( )位置时电压值为 2.5V。
　　A. 1/2 量程　　　　　B. 满量程
　　C. 2/3 量程
21. 万用表使用完毕后应将旋钮置于( )。
　　A. 电阻挡　　　　　　B. 交流电压最高挡
　　C. 电流挡　　　　　　D. 直流电压挡

22. 线路或设备的绝缘电阻的测量是用( )测量。
　　A. 万用表的电阻挡　　B. 兆欧表
　　C. 接地摇表

23. 选择电压表时,其内阻( )被测负载的电阻为好。
　　A. 远小于　　B. 远大于　　C. 等于

24. 摇表的两个主要组成部分是手摇( )和磁电式流比计。
　　A. 电流互感器　　B. 直流发电机
　　C. 交流发电机

25. 一般电器所标或仪表所指示的交流电压、电流的数值是( )。
　　A. 最大值　　B. 有效值　　C. 平均值

26. 用万用表 $R \times 100\Omega$ 挡测电阻,当读数为 50Ω 时,实际被测电阻为( )。
　　A. 100Ω　　　　　　B. 5000Ω
　　C. 50Ω　　　　　　D. 1000Ω

27. 直流单臂电桥主要用于精确测量( )。
　　A. 小电阻　　　　　　B. 中电阻
　　C. 大电阻　　　　　　D. 任意阻值电阻

28. 指针式万用表测量电阻时标度尺最右侧是( )。
　　A. ∞　　　　B. 0　　　　C. 不确定

29. ( )仪表可直接用于交、直流测量,且精确度高。
　　A. 磁电式　　B. 电磁式　　C. 电动式

30. ( )仪表由固定的线圈,可转动的线圈,以及转轴、游丝、指针、机械调零机构等组成。
　　A. 磁电式　　B. 电磁式　　C. 电动式

31. 按照计数方法,电工仪表主要分为指针式仪表和( )式仪表。
　　A. 电动　　B. 比较　　C. 数字

32. 不同线路或设备对绝缘阻值有不同的要求,电力变压器投入运行之前,绝缘电阻不低于出厂时的( )。
　　A. 40%　　B. 50%　　C. 70%　　D. 80%

33. 不同线路或设备对绝缘阻值有不同的要求,架空线路每个悬式绝缘子的绝缘电阻不应低于( )。
　　A. $200M\Omega$　　　　　　B. $250M\Omega$
　　C. $300M\Omega$　　　　　　D. $1000M\Omega$

34. 测量600V以上的交流电压时,常借助于(　　)来扩大交流电压表的量程。
   A. 分压器　　　　　　　B. 分流器
   C. 电压互感器　　　　　D. 电流互感器

35. 电动系仪表主要由(　　)组成。
   A. 固定的磁路系统和可动的线圈
   B. 固定的线圈和可动的磁路系统
   C. 固定的线圈和可动的线圈
   D. 固定的线圈和可动的数磁铁片

36. 感应系电能表中的永久磁铁起(　　)作用。
   A. 产生驱动力矩　　　　B. 产生转动力矩
   C. 产生制动力矩　　　　D. 计算铝盘转数

37. 接地电阻测量仪是测量(　　)的装置。
   A. 绝缘电阻　　　　　　B. 直流电阻
   C. 接地电阻

38. 钳形电流表测量电流时,可以在(　　)电路的情况下进行。
   A. 断开　　B. 短接　　C. 不断开

39. 用万用表测量电阻时,黑表笔接表内电源的(　　)。
   A. 两极　　B. 负极　　C. 正极

40. 用摇表测量电阻的单位是(　　)。
   A. 欧姆　　B. 千欧　　C. 兆欧

41. 兆欧表是用来测量(　　)的直读式仪表。
   A. 接地电阻　　　　　　B. 泄漏电流
   C. 高值电阻　　　　　　D. 低值电阻

42. 指针式万用表一般可以测量交直流电压、(　　)电流和电阻。
   A. 交直流　　B. 交流　　C. 直流

43. 电磁系测量机构主要由(　　)组成。
   A. 固定的磁路系统和可动的线圈
   B. 固定的线圈和可动的磁路系统
   C. 固定的线圈和可动的线圈
   D. 固定的线圈和可动的软磁铁片

44. 电动系测量机构是利用(　　)原理制成的。
   A. 两电荷相互作用的
   B. 通电线圈在磁场中受力的
   C. 两磁场相互作用
   D. 两通电线圈相互作用

45. 电工测量就是将被测的电量或电参数与( )进行比较,从而确定被测量大小的过程。
   A. 标准电压   B. 标准电流
   C. 标准电阻   D. 同类标准量

46. 感应系仪表主要用于做成( )。
   A. 电压表   B. 电流表
   C. 功率表   D. 电能表

47. 检查电动机绕组是否有接地现象,应用( )进行测量。
   A. 钳流表   B. 电压表
   C. 万用表   D. 兆欧表

48. 摇表在测量过程中,如果指针指向"0"位,表明被测绝缘已经失效,应( )转动摇把,防止烧坏摇表。
   A. 继续   B. 快速   C. 缓慢   D. 立即停止

49. 兆欧表额定转速是( )r/min。
   A. 50   B. 80   C. 100   D. 120

参 考 文 献

[1] 席时达.电工技术[M].5版.北京:高等教育出版社,2019.
[2] 李正吾.电工作业操作资格证考核培训教材[M].合肥:安徽科学技术出版社,2019.
[3] 邹逢兴.电工电子技术教程[M].北京:电子工业出版社,2011.
[4] 单永欣.城市轨道交通电工电子技术及应用[M].2版.北京:人民交通出版社股份有限公司,2018.
[5] 孙余凯.电工技术[M].北京:人民邮电出版社,2010.
[6] 孙骆生.电工学基本教程[M].4版.北京:高等教育出版社,2008.
[7] 孙立坤,周芝田.电工与电子技术[M].北京:机械工业出版社,2011.
[8] 易沅屏.电工学[M].北京:高等教育出版社,1993.
[9] 康华光.电子技术基础:模拟部分[M].4版.北京:高等教育出版社,1999.
[10] 王慧玲.电路基础[M].2版.北京:高等教育出版社,2007.

实验实训手册

LABORATOKY AND PRACTICAL TRAINING MANUAL

实验室管理及安全要求

（1）实验前学生应认真预习有关内容，明确实验目的，了解实验原理、方法、步骤和器材的使用方法。

（2）实验课前各班任课教师要对任教班级分好实验小组，每组确定组长和具体的学生名单。学生上实验课不得迟到早退，要听从老师指挥，要排队有序进入实验室，进入实验室后不得大声喧哗，也不能随意走动，未经老师允许不得自行摆动实验器材。

（3）学生实验应在教师的指导下，按实验步骤进行，按操作要求和注意事项去使用器材，实验过程中学生要仔细观察，详细记录，认真思考，完成实验报告，实验完毕，每个小组应整理和清点器材。

（4）学生应爱护实验器材，轻拿轻放，不得随意拿别组的器材，更不能用实验器材玩耍，违规损坏器材要赔偿。

（5）加强实验室的安全教育，经常对学生进行用火、用电、防爆、防腐等教育，让学生树立安全意识。

（6）物理实验室不存放易燃、易爆（如酒精、煤油、打火机）、有剧毒的物品，实验有需要的，申请从化学实验室借用，用完及时归还。

（7）电学实验一般用36V以下的安全电压，若用到220V的家庭电路电压的，必须在教师的亲自指导下学生方可操作实验。

（8）用过的干电池（无用）收集好，拿到垃圾回收点有害垃圾分类处回收，避免造成污染和危害。

（9）离开实验室时，所有电器要断电，以防发生电器漏电和短路事故，特别是节假日更要认真检查，确保安全。

实验 1
电路元件伏安特性曲线的测绘

一、实验目的

(1) 学会识别常用电路元件的方法。

(2) 掌握线性电阻、非线性电阻元件伏安特性曲线的测绘。

(3) 掌握实验台上直流电工仪表和设备的使用方法。

二、原理说明

任何一个二端元件的特性可用该元件上的端电压 U 与通过该元件的电流 I 之间的函数关系 $i=f(u)$ 来表示，即用 $i-u$ 平面上的一条曲线来表征，这条曲线称为该元件的伏安特性曲线。

(1) 线性电阻器的伏安特性曲线是一条通过坐标原点的直线，如实验图 1 直线 a 所示，该直线的斜率等于该电阻器的阻值。

(2) 一般的白炽灯在工作时灯丝处于高温状态，其灯丝电阻随着温度的升高而增大，通过白炽灯的电流越大，其温度越高，阻值也越大，一般灯泡的"冷电阻"与"热电阻"的阻值可相差几倍至十几倍，所以它的伏安特性如实验图 1 曲线 b 所示。

(3) 一般的半导体二极管是一个非线性电阻元件，其伏安特性如实验图 1 曲线 c 所示，正向压降很小(一般的锗管为 $0.2\sim0.3\text{V}$，硅管为 $0.5\sim0.7\text{V}$)，正向电流随正向压降的升高而急剧上升,而反向电压从零一直增加到十几至几十伏时,其反向电流增加很小,粗略地可视为零。可见,二极管具有单向导电性,但反向电压加得过高,超过二极管的极限值时,则会导致二极管击穿损坏。

(4)稳压二极管是一种特殊的半导体二极管,其正向特性与普通二极管类似,但其反向特性较特别,如实验图1曲线d所示。在反向电压开始增加时,其反向电流几乎为零,但当电压增加到某一数值时(称为管子的稳压值,有各种不同稳压值的稳压管),电流将突然增加,以后它的端电压将基本维持恒定,当外加的反向电压继续升高时,其端电压仅有少量增加。

注意:流过二极管或稳压二极管的电流不能超过其极限值,否则会烧坏二极管。

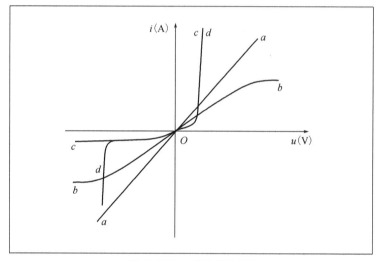

● 实验图1　伏安特性曲线

三、实验设备(实验表1)

伏安特性实验设备　　　　　实验表1

序号	名称	型号与规格	数量
1	可调直流稳压电源	0～30V	1
2	直流数字毫安表	0～2000mA	1
3	直流数字电压表	0～200V	1
4	二极管	IN4007	1
5	稳压管	2CW51	1
6	白炽灯	12V,0.1A	1
7	线性电阻器	200Ω,510Ω,1kΩ/8W	1

四、实验内容

(1)测定线性电阻器的伏安特性

接线图如实验图 2 所示,调节稳压电源的输出电压 U,从 0V 开始缓慢地增加到 10V,在实验表 2 中记下电压表和电流表的读数 U_R、I。

线性电阻器伏安特性测试数据　　　实验表 2

$U_R(V)$						
$I(mA)$						

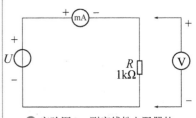

● 实验图 2　测定线性电阻器的伏安特性

(2)测定白炽灯泡的伏安特性

将实验图 2 中的 R 换成一只 12V、0.1A 的灯泡,重复实验(1)的步骤。U_L 为灯泡的端电压。在实验表 3 中记下电压表和电流表的读数 U_R、I。

白炽灯泡伏安特性测试数据　　　实验表 3

$U_R(V)$						
$I(mA)$						

(3)测定半导体二极管的伏安特性

如实验图 3 所示,R 为限流电阻器。测二极管的正向特性时,其正向电流不得超过 35mA,二极管 D 的正向施压 U_{D+} 可在 0 ~ 0.75V 范围内取值,在 0.5 ~ 0.75V 范围内应多取几个测量点。测反向特性时,只需将如实验图 3 所示二极管 D 反接,且其反向施压 U_{D-} 可达 30V。在实验表 4、实验表 5 中记下相应数据。

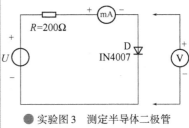

● 实验图 3　测定半导体二极管伏安特性

二极管正向特性实验数据　　　实验表 4

$U_{D+}(V)$	0.10	0.30	0.50	0.55	0.60	0.65	0.70	0.75
$I(mA)$								

二极管反向特性实验数据　　　实验表 5

$U_{D-}(V)$	-5	-10	-15	-20	-25	-30
$I(mA)$						

(4)测定稳压二极管的伏安特性

①正向特性实验:将如实验图 3 所示的二极管换成稳压二极管 2CW51,重复步骤(3)中的正向测量。U_{Z+} 为 2CW51 的正向施压。在实验表 6 中记下相应数据。

稳压二极管正向特性实验数据　　　实验表 6

$U_{Z+}(V)$	0.10	0.50	0.60	0.65	0.70	0.75	0.80
$I(mA)$							

②反向特性实验:将实验图3中的 R 换成510Ω,稳压二极管2CW51反接,测量稳压二极管2CW51的反向特性。稳压电源的输出电压 U_0 为 0～20V,测量稳压二极管2CW51两端的电压 U_{Z-} 及电流 I,由 U_{Z-} 可看出其稳压特性。在实验表7中记下相应数据。

稳压二极管反向特性实验数据　　实验表7

$U_0(V)$	1	2	5	10	15	20
$U_{Z-}(V)$						
$I(mA)$						

五、实验注意事项

(1)测二极管正向特性时,稳压电源输出应由小至大逐渐增加,应时刻注意电流表读数不得超过35mA。

(2)如果要测定2AP9型二极管的伏安特性,则正向特性的电压值应取 0,0.10,0.13,0.15,0.17,0.19,0.21,0.24,0.30(V),反向特性的电压值取 0,2,4,…,10(V)。

(3)进行不同实验时,应先估算电压和电流值,合理选择仪表的量程,勿使仪表超量程,仪表的极性也不可接错。

六、思考题

(1)线性电阻与非线性电阻的概念是什么?电阻器与二极管的伏安特性有何区别?

(2)稳压二极管与普通二极管有何区别?其用途如何?

七、实验报告

(1)根据各实验数据,分别绘制光滑的伏安特性曲线。(其中二极管和稳压二极管的正、反向特性要求画在同一张图中,正、反向电压可取不同的比例尺)

(2)根据实验结果,总结、归纳被测各元件的特性。

(3)回答思考题中的有关问题。

(4)总结实验的心得、体会等。

实验 2
电势、电压的测定

一、实验目的

验证电路中电势的相对性、电压的绝对性。

二、原理说明

在一个闭合电路中,各点电势的高低视所选电势参考点的不同而不同,但任意两点间的电势差(电压)是固定的,它不因参考点的变动而改变。

三、实验设备(实验表8)

电势、电压测定实验所用设备　　实验表8

序号	名称	型号与规格	数量
1	直流可调稳压电源	0～30V	2路
2	万用表	VC830L	1
3	直流数字电压表	0～200V	1
4	电势、电压测定实验电路板		1

四、实验内容

电势、电压测定电路如实验图4所示。

(1)分别将两路直流稳压电源接入电路,令 $U_1=6V$, $U_2=12V$。先调准输出电压值,再接入实验线路。

(2)如实验图4所示,A点作为电势的参考点,分别测量B、C、D、E、F各点的电势值 V_A、V_B、V_C、V_D、V_E、V_F 及相邻两点之间的电压值 U_{AB}、U_{BC}、U_{CD}、U_{DE}、U_{EF} 及 U_{FA},记录数据并将其填写在实验表9中。

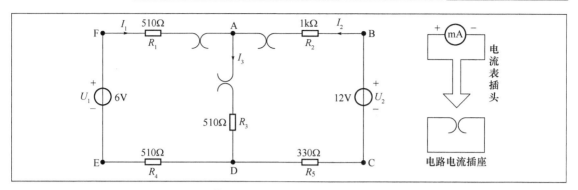

● 实验图4　电势、电压测定电路

（3）D点作为参考点，重复实验内容（2）的测量，记录数据并将其填写在实验表9中。

不同参考点时测量数据　　　实验表9

电势参考点	V 与 U	V_A	V_B	V_C	V_D	V_E	V_F	U_{AB}	U_{BC}	U_{CD}	U_{DE}	U_{EF}	U_{FA}
A	计算值												
A	测量值												
A	相对误差												
D	计算值												
D	测量值												
D	相对误差												

五、思考题

若以F点为电势参考点，实验测得各点的电势值是多少？现令E点作为电势参考点，此时各点的电势值应有何变化？

六、实验报告

（1）完成数据表格中的计算，对误差做必要的分析。
（2）各点电势的高低视所选的电势参考点的不同而异，但任意两点间的电势差（电压）是固定的，它不因参考点的变动而改变。总结电势相对性和电压绝对性的结论。
（3）回答思考题中的有关问题。
（4）总结心得体会及其他。

实验 3
基尔霍夫定律的验证

一、实验目的

（1）验证基尔霍夫定律的正确性，加深对基尔霍夫定律的理解。

（2）学会用电流插头、插座测量各支路电流。

二、原理说明

基尔霍夫定律是电路的基本定律。测量某电路的各支路电流及每个元件两端的电压，应分别满足基尔霍夫电流定律和电压定律，即对电路中的任一节点而言，应有 $\Sigma I = 0$；对任何一个闭合回路而言，应有 $\Sigma U = 0$。

运用上述定律时必须注意各支路或闭合回路中电流的参考方向，此方向可预先任意设定。

三、实验设备（实验表 10）

验证基尔霍夫定律实验所用设备　实验表 10

序号	名称	型号与规格	数量
1	直流可调稳压电源	0～30V	2 路
2	数字式万用表	VC830L	1
3	直流数字电压表	0～200V	1
4	直流数字毫安表	0～2000mA	1
5	电势、电压测定实验电路板		1

四、实验内容

基尔霍夫定律验证电路如实验图 5 所示。

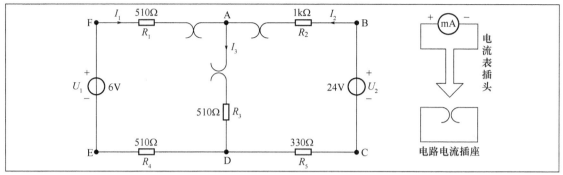

● 实验图5　基尔霍夫定律验证电路

（1）实验前先任意设定三条支路和三个闭合回路的电流参考方向。实验图5所示的 I_1、I_2、I_3 的方向已设定。

（2）将直流稳压电源 U_1 调到6V，U_2 调到24V，然后接入电路。

（3）熟悉电流插头的结构，将电流插头的两端接至数字毫安表的"+、-"两端。

（4）将电流插头分别插入三条支路的三个电流插座，读出并记录电流值。

（5）用直流数字电压表分别测量两路电源及电阻元件上的电压值，并记录于实验表11。

验证基尔霍夫定律测量数据　　实验表11

被测量	I_1 (mA)	I_2 (mA)	I_3 (mA)	U_1 (V)	U_2 (V)	U_{FA} (V)	U_{AB} (V)	U_{AD} (V)	U_{CD} (V)	U_{DE} (V)
计算值										
测量值										
相对误差										

五、思考题

实验中，若用指针式万用表直流毫安挡测各支路电流，在什么情况下可能出现指针反偏，应如何处理？记录数据时应注意什么？若用直流数字毫安表进行测量，则会如何显示？

六、实验报告

（1）根据实验数据，选定节点A，验证基尔霍夫电流定律的正确性。

（2）根据实验数据，选定实验电路中的任一个闭合回路，验证基尔霍夫电压定律的正确性。

（3）将支路的电流方向重新设定，重复（1）（2）两项验证。

（4）回答思考题中的有关问题。

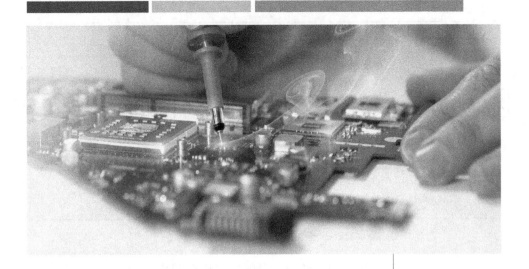

实验 4
叠加定理的验证

一、实验目的

验证线性电路叠加定理的正确性,加深对线性电路叠加性的认识和理解。

二、原理说明

叠加原理指出:在有多个独立电源共同作用下的线性电路中,通过每一个元件的电流或其两端的电压,可以看成是由每一个独立电源单独作用时在该元件上所产生的电流或电压的代数和。

三、实验设备(实验表 12)

验证叠加原理实验所用设备　　实验表 12

序号	名称	型号与规格	数量
1	直流稳压电源	0~30V 可调	2 路
2	数字式万用表	VC830L	1
3	直流数字电压表	0~200V	1
4	直流数字毫安表	0~2000mV	1
5	叠加原理实验电路板		1

四、实验内容

叠加定理验证电路如实验图 6 所示。

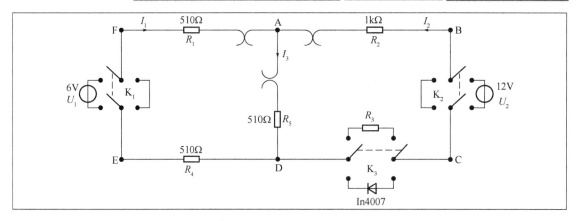

● 实验图6　叠加定理验证电路

（1）将两路稳压源的输出分别调节为12V和6V，接入U_1和U_2处。

（2）令U_1电源单独作用（将开关K_1投向U_1侧，将开关K_2投向短路侧）。用直流数字电压表和毫安表（接电流插头）测量各支路电流及各电阻元件两端的电压，数据记入实验表13。

串入电阻时测量数据　　　　实验表13

测量项目 实验内容	U_1 (V)	U_2 (V)	I_1 (mA)	I_2 (mA)	I_3 (mA)	U_{AB} (V)	U_{CD} (V)	U_{AD} (V)	U_{DE} (V)	U_{FA} (V)
U_1 单独作用										
U_2 单独作用										
U_1、U_2 共同作用										
U_1、U_2共同 作用（故障）										

（3）令U_2电源单独作用（将开关K_1投向短路侧，将开关K_2投向U_2侧），重复实验步骤（2）的测量和记录，数据记入实验表13。

（4）令U_1和U_2共同作用（将开关K_1和K_2分别投向U_1和U_2侧），重复上述的测量和记录，数据记入实验表13。

（5）任意按下某个故障设置按键，重复实验内容（4）的测量，数据记入实验表13，再根据测量结果判断出故障的性质。

（6）将R_5换成二极管1N4007（将开关K_3投向二极管IN4007侧），重复（1）～（4）的测量过程，将数据记入实验表14。

串入二极管时测量数据　　　　　　实验表14

测量项目 实验内容	U_1 (V)	U_2 (V)	I_1 (mA)	I_2 (mA)	I_3 (mA)	U_{AB} (V)	U_{CD} (V)	U_{AD} (V)	U_{DE} (V)	U_{FA} (V)
U_1单独作用										
U_2单独作用										
U_1、U_2共同作用										

五、实验注意事项

（1）用电流插头测量各支路电流时，或者用电压表测量电压降时，应注意仪表的极性，正确判断测得值的＋、－后，记入数据表格。

（2）注意仪表量程的及时更换。

六、思考题

（1）在叠加原理实验中，要令 U_1、U_2 分别单独作用，应如何操作？可否直接将不作用的电源（U_1 或 U_2）短接置零？

（2）实验电路中，若有一个电阻器改为二极管，试问叠加原理的叠加性还成立吗？为什么？

七、实验报告

（1）根据实验数据表格进行分析、比较，归纳、总结实验结论，即验证线性电路的叠加性。

（2）各电阻器所消耗的功率能否用叠加原理计算得出？试用上述实验数据进行计算并得出结论。

（3）回答思考题中的有关问题。

实验 5
戴维南定理的验证

一、实验目的

(1)验证戴维南定理的正确性,加深学生对该定理的理解。

(2)掌握测量有源二端网络等效参数的一般方法。

二、原理说明

(1)任何一个线性含源网络,如果仅研究其中一条支路的电压和电流,则可将电路的其余部分看作一个有源二端网络(或称为含源一端口网络)。

戴维南定理指出:任何一个线性有源网络,总可以用一个电压源与一个电阻的串联来等效代替,此电压源的电动势 U_S 等于这个有源二端网络的开路电压 U_{OC},其等效内阻 R_0 等于该网络中所有独立源均置零(理想电压源视为短接,理想电流源视为开路)时的等效电阻。$U_{OC}(U_S)$ 和 R_0 称为有源二端网络的等效参数。

(2)有源二端网络等效参数的测量方法。

①开路电压、短路电流法测 R_0。

在有源二端网络输出端开路时,用电压表直接测其输出端的开路电压 U_{OC},然后再将其输出端短路,用电流表测其短路电流 I_{SC},则等效内阻为

$$R_0 = \frac{U_{OC}}{I_{SC}}$$

如果二端网络的内阻很小,若将其输出端口短路则易损坏其内部元件,因此不宜采用此法。

②伏安法测 R_0。

用电压表、电流表测出有源二端网络的外特性曲线,如实验图 7 所示。根据外特性曲线求出斜率 $\tan\varphi$,则内阻:

$$R_0 = \tan\varphi = \frac{\Delta U}{\Delta I} = \frac{U_{OC}}{I_{SC}}$$

也可以先测量开路电压 U_{OC},再测量电流为额定值 I_N 时的输出端电压值 U_N,则内阻为

$$R_0 = = \frac{U_{OC} - U_N}{I_N}$$

③半电压法测 R_0。

如实验图 8 所示,当负载电压为被测网络开路电压的一半时,负载电阻(由电阻箱的读数确定)即为被测有源二端网络的等效内阻值。

④零示法测 U_{OC}。

在测量具有高内阻有源二端网络的开路电压时,用电压表直接测量会造成较大的误差。为了消除电压表内阻的影响,往往采用零示测量法,如实验图 9 所示。

零示法测量原理是用一低内阻的稳压电源与被测有源二端网络进行比较,当稳压电源的输出电压与有源二端网络的开路电压相等时,电压表的读数将为"0"。然后将电路断开,测量此时稳压电源的输出电压,即为被测有源二端网络的开路电压。

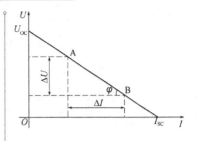

● 实验图 7　二端网络外特性曲线

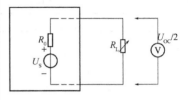

● 实验图 8　半电压法测量 R_0 电路图

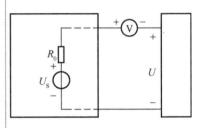

● 实验图 9　零示法测 U_{OC} 电路图

三、实验设备(实验表 15)

验证戴维南定理实验所用设备　实验表 15

序号	名称	型号与规格	数量
1	可调直流稳压电源	0～30V	1
2	可调直流恒流源	0～500mA	1
3	直流数字电压表	0～200V	1
4	直流数字毫安表	0～2000mA	1
5	数字式万用表	VC830L	1
6	可调电阻箱	0～99999.9Ω	1
7	电位器	1kΩ/2W	1
8	戴维南定理实验电路板		1

四、实验内容

被测有源二端网络如实验图 10 所示,即 HE-12 挂箱中的戴维南定理线路。

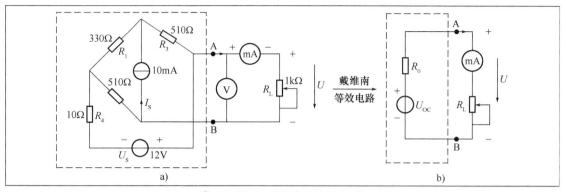

● 实验图10 戴维南定理验证电路

(1) 用开路电压、短路电流法测定戴维南等效电路的 U_{OC}、R_0。如实验图10a)所示,接入稳压电源 $U_S = 12V$ 和恒流源 $I_S = 10mA$,不接入 R_L。测出 U_{OC} 和 I_{SC},并计算出 R_0,填入实验表16。(测 U_{OC} 时,不接入 mA 表)

(2) 负载实验。如实验图10a)所示,接入 R_L。改变 R_L 阻值,测量有源二端网络的外特性曲线。记录数据于实验表17。

开路电压、短路电流测量数据　　实验表16

$U_{OC}(V)$	$I_{SC}(mA)$	$R_0 = U_{OC}/I_{SC}(\Omega)$

负载实验数据　　实验表17

$U(V)$							
$I(mA)$							

(3) 验证戴维南定理:从电阻箱上取得按步骤(1)所得的等效电阻 R_0 之值,然后令其与直流稳压电源[调到步骤(1)时所测得的开路电压 U_{OC} 之值]串联,如实验图10b)所示,仿照步骤"2"测其外特性,对戴维南定理进行验证。记录数据于实验表18。

验证戴维南定理数据　　实验表18

$U(V)$							
$I(mA)$							

(4) 源二端网络等效电阻(又称入端电阻)的直接测量法。如实验图10a)所示,将被测有源网络内的所有独立源置零(去掉电流源 I_S 和电压源 U_S,并在原电压源所接的两点用一根短路导线相连),然后用伏安法或者直接用万用表的欧姆挡去测定负载 R_L 开路时 A、B 两点间的电阻,此即被测网络的等效内阻 R_0。

(5)用电压法和零示法测量被测网络的等效内阻 R_0 及其开路电压 U_{OC}。线路及数据表格自拟。

五、实验注意事项

(1)测量时应注意电流表量程的更换。

(2)上述步骤(4)中,电压源置零时不可将稳压源短接。

(3)用万用表直接测 R_0 时,网络内的独立源必须先置零,以免损坏万用表;欧姆挡必须经调零后再进行测量。

(4)用零示法测量 U_{OC} 时,应先将稳压电源的输出调至接近于 U_{OC},再按实验图9测量。

(5)改接线路时,要关掉电源。

六、思考题

(1)在求戴维南或诺顿等效电路时,做短路实验,测 I_{SC} 的条件是什么?在本实验中可否直接做负载短路实验?如实验图10a)所示,请实验前对线路预先做好计算,以便调整实验线路及测量时可准确地选取电表的量程。

(2)说明测有源二端网络开路电压及等效内阻的几种方法,并比较其优缺点。

七、实验报告

(1)根据实验内容(2)(3)(4),分别绘出曲线,验证戴维南定理的正确性,并分析产生误差的原因。

(2)根据实验内容(1)(4)(5)的几种方法测得 U_{OC} 与 R_0,和预习时电路计算的结果做比较,你能得出什么结论?

(3)归纳、总结实验结果。

(4)回答思考题中的有关问题。

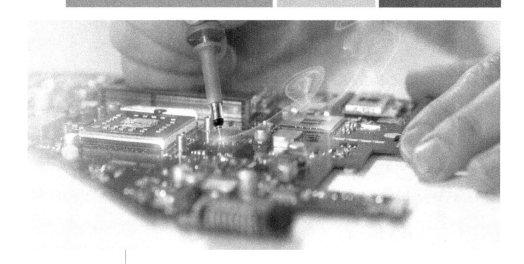

实验 6
正弦交流电路相量的研究

一、实验目的

(1) 研究正弦交流电路中电压、电流相量之间的关系。
(2) 掌握荧光灯线路的接线。
(3) 理解改善电路功率因数的意义并掌握其方法。

二、原理说明

(1) 单相正弦交流电路中,用交流电流表测得各支路的电流值,用交流电压表测得回路各元件两端的电压值,它们之间的关系满足相量形式的基尔霍夫定律,即

$$\Sigma \dot{I} = 0 \quad 和 \quad \Sigma \dot{U} = 0$$

(2) 如实验图 11 所示,RC 串联电路,在正弦交流电压的激励下,$\dot{U}_R$ 与 $\dot{U}_C$ 保持 90°的相位差,即 $\dot{U}$、$\dot{U}_C$ 与 $\dot{U}_R$ 三者形成一个直角形的电压三角形,如实验图 12 所示。R 值改变时,可改变 φ 角的大小,从而达到移相的目的。

(3) 荧光灯电路如实验图 13 所示,图中 A 是荧光灯管,L 是镇流器,S 是启辉器,C 是补偿电容器(电容量为 C),用以改善电路的功率因数($\cos\varphi$ 值)。有关荧光灯的工作原理请自行查阅有关资料。

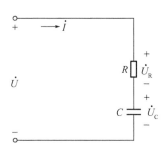

● 实验图 11　RC 串联电路

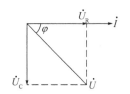

● 实验图 12　电压三角形

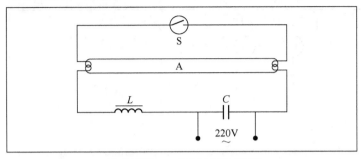

● 实验图 13　荧光灯电路原理图

三、实验设备（实验表 19）

正弦交流电路相量研究实验设备　实验表 19

序号	名称	型号与规格	数量
1	交流电压表	0~500V	1
2	交流电流表	0~5A	1
3	功率表		1
4	自耦调压器		1
5	镇流器、启辉器		各1
6	荧光灯灯管	30W	1
7	电容器	1μF,2.2μF,4.7μF/500V	各1
8	白炽灯及灯座	220V,25W	1~3
9	电流插座		3

四、实验内容

（1）连接线路，如实验图 11 所示。R 代表 220V、15W 的白炽灯泡，电容器为 4.7μF/450V。经指导教师检查许可后接通实验台电源，将自耦调压器输出（U），调至 220V。记录 U、U_R、U_C 的值于实验表 20，验证电压三角形关系。

RC 串联电路测量数据　实验表 20

测量值			计算值
U(V)	U_R(V)	U_C(V)	$U = \sqrt{U_R^2 + U_C^2}$

（2）荧光灯线路接线与测量。

如实验图 14 所示完成接线，经指导教师检查许可后，接通实验台电源，调节自耦调压器的输出，使其输出电压缓慢增大，直到荧光灯启辉点亮为止，记下三表的指示值并记录在实验表 21 中。然后将电压调至 220V，测量功率 P、电流 I 以及电压 U、U_L、U_A 等值，验证电压、电流的相量关系。

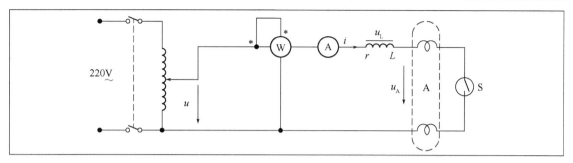

● 实验图 14　荧光灯接线图

荧光灯接线图测量数据　　实验表 21

数值类别	测量数值						计算值
	$P(W)$	$\cos\varphi$	$I(A)$	$U(V)$	$U_L(V)$	$U_A(V)$	$R(\Omega)$	$\cos\varphi$
启辉值							
正常工作值							

（3）并联电路功率因数的改善。

如实验图 15 所示完成实验线路。经指导教师检查许可后，接通实验台电源，将自耦调压器的输出调至 220V，记录功率表、电压表读数。通过一只电流表和三个电流插座分别测得三条支路的电流，改变电容值，进行三次重复测量。将数据记入实验表 22 中。

改善功率因数接线图测量数据　　实验表 22

电容值 (μF)	测量数值					计算值	
	$P(W)$	$\cos\varphi$	$U(V)$	$I(A)$	$I_L(A)$	$I_C(A)$	$I'(A)$	$\cos\varphi$
0							
1							
2.2							
4.7							

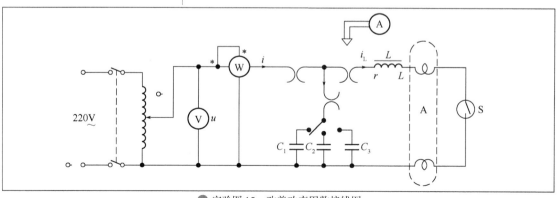

● 实验图 15　改善功率因数接线图

五、实验注意事项

（1）实验用电为 220V 交流电，务必注意用电和人身安全。

（2）功率表要正确接入电路。

（3）线路接线正确，荧光灯不能启辉时，应检查启辉器及其接触是否良好。

六、思考题

（1）参阅课外资料，了解荧光灯的启辉原理。

（2）在日常生活中，当荧光灯上缺少了启辉器时，人们常用一根导线将启辉器的两端短接一下，然后迅速断开，使荧光灯点亮；或者用一只启辉器去点亮多只同类型的荧光灯，这是为什么？

（3）为了改善电路的功率因数，常在感性负载上并联电容器，此时增加了一条电流支路，试问电路的总电流是增大还是减小，此时感性元件上的电流和功率是否改变？

（4）提高线路功率因数为什么只采用并联电容器法，而不采用串联法？所并联的电容器是否越大越好？

七、实验报告

（1）完成各表格中数据的计算。

（2）根据实验数据，分别绘出电压、电流相量图，验证相量形式的基尔霍夫定律。

（3）讨论改善电路功率因数的意义和方法。

（4）回答思考题中的有关问题。

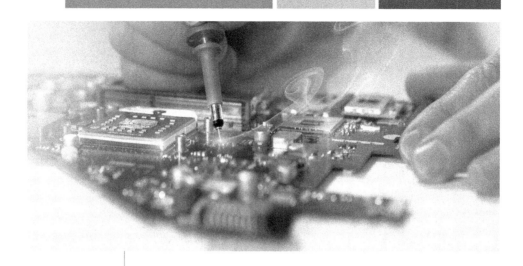

实验 7
三相交流电路电压、电流的测量

一、实验目的

(1) 掌握三相负载做星形连接、三角形连接的方法,验证这两种接法对应的线电压、相电压及线电流、相电流之间的关系。

(2) 充分理解三相四线供电系统中性线的作用。

二、原理说明

(1) 三相负载可连接成星形或三角形。当三相对称负载做星形连接时,线电压 U_L 是相电压 U_P 的 $\sqrt{3}$ 倍,线电流 I_L 等于相电流 I_P,即

$$U_L = \sqrt{3}\,U_P, I_L = I_P$$

在这种情况下,流过中性线的电流 $I_0 = 0$,所以可以省去中性线。

当对称三相负载做三角形连接时,有 $I_L = \sqrt{3}\,I_P$, $U_L = U_P$。

(2) 不对称三相负载做星形连接时,必须采用三相四线制接法,而且中性线必须牢固连接,以保证三相不对称负载的每相电压维持对称。

倘若中性线断开会导致三相负载电压不对称,致使负载轻的一相相电压过高,使负载遭受损坏;负载重的一相相电压又过低,使负载不能正常工作。尤其是对于三相照明负载,

一律无条件地采用三相四线制接法。

(3)当不对称负载做三角形连接时，$I_L \neq \sqrt{3} I_P$，但只要电源的线电压 U_L 对称，加在三相负载上的电压仍是对称的，对各相负载工作没有影响。

三、实验设备（实验表23）

测量三相交流电路电压、电流实验设备　　实验表23

序号	名称	型号与规格	数量
1	交流电压表	0～500V	1
2	交流电流表	0～5A	1
3	数字式万用表	VC830L	1
4	三相自耦调压器		1
5	三相灯组负载	220V，25W 白炽灯	9
6	电流插座		3

四、实验内容

(1)三相负载星形连接(三相四线制供电)

如实验图16所示组接实验电路，即三组负载经三相自耦调压器连接三相对称电源。将三相调压器的旋柄置于输出为0V的位置(逆时针旋到底)。经指导教师检查合格后，方可开启实验台电源，然后调节调压器的输出，使其输出相电压为220V，并按下述内容完成各项实验，分别测量三相负载的线电压、相电压、线电流、相电流、中线电流、电源与负载中点间的电压。将所测得的数据记入实验表24，并观察各相灯组亮暗的变化程度，特别要注意观察中线的作用。

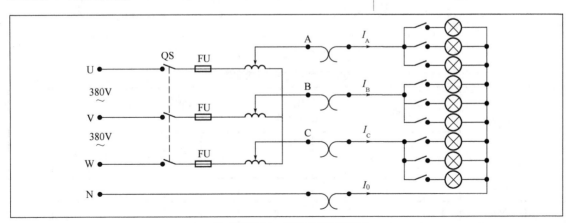

● 实验图16　负载星形连接电路

负载星形连接电路测试数据　　　　　　　　　　　　　　　　实验表 24

测量数据 实验内容 （负载情况）	开灯盏数			线电流(A)			线电压(V)			相电压(V)			中线电流 I_0(A)	中点电压 U_{N0}(V)
	A相	B相	C相	I_A	I_B	I_C	U_{AB}	U_{BC}	U_{CA}	U_{A0}	U_{B0}	U_{C0}		
Y_0—接 平衡负载	3	3	3											
Y—接 平衡负载	3	3	3											
Y_0—接 不平衡负载	1	2	3											
Y—接 不平衡负载	1	2	3											
Y_0—接 B相断开	1		3											
Y—接 B相断开	1		3											
Y—接 B相短路	1		3											

（2）负载三角形连接（三相三线制供电）

如实验图 17 所示改接线路，经指导教师检查合格后方可接通三相电源，并调节调压器，使其输出线电压为 220V，按实验表 25 的内容进行测试。

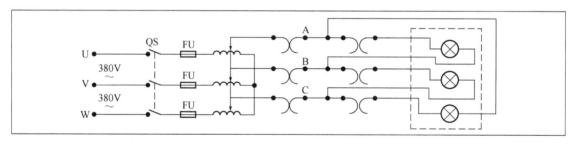

● 实验图 17　负载三角形连接电路

负载三角形连接测试数据　　　　　　　　　　　　　　　　实验表 25

测量数据 负载情况	开灯盏数			线电压= 相电压(V)			线电流 (A)			相电流 (A)		
	A-B相	B-C相	C-A相	U_{AB}	U_{BC}	U_{CA}	I_A	I_B	I_C	I_{AB}	I_{BC}	I_{CA}
三相平衡	3	3	3									
三相不平衡	1	2	3									

五、实验注意事项

(1) 本实验采用三相交流电,线电压为 380V,实验时要注意人身安全,不可触及导电部件,防止意外事故发生。

(2) 每次接线完毕,同组同学应自查一遍,然后由指导教师检查许可后方可接通电源。必须严格遵守先断电、再接线、后通电;先断电、后拆线的实验操作原则。

(3) 星形负载做短路实验时,必须首先断开中相线,以免发生短路事故。

(4) 为避免烧坏灯泡,实验设备内设有过压保护装置。当任一相电压大于 245~250V 时,即声光报警并跳闸。因此,在做星形连接不平衡负载或缺相实验时,所加线电压应以最高相电压小于 240V 为宜。

六、思考题

(1) 三相负载根据什么条件做星形或三角形连接?

(2) 复习三相交流电路有关内容,试分析做星形连接的三相不对称负载在无中性线情况下,当某相负载开路或短路时会出现什么情况;如果接上中性线,情况又如何。

(3) 本次实验中为什么要通过三相调压器将 380V 的线电压降为 220V 的线电压使用?

七、实验报告

(1) 用实验测得的数据验证对称三相电路中的 $\sqrt{3}$ 关系。

(2) 用实验数据和观察到的现象总结三相四线供电系统中性线的作用。

(3) 三相不对称负载做三角形连接,能否正常工作?实验是否能证明这一点?

(4) 根据三相不对称负载做三角形连接时的相电流值作相量图,求出线电流值,然后与实验测得的线电流作比较,并进行分析。

(5) 回答思考题中的有关问题。

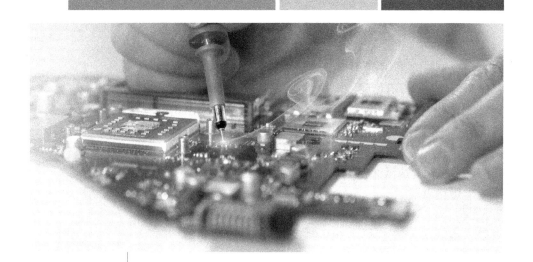

实验 8
单相铁芯变压器特性的测试

一、实验目的

(1) 通过测量,计算变压器的各项参数。
(2) 学会测绘变压器的空载特性与外特性曲线。

二、原理说明

(1) 测试变压器参数的电路如实验图 18 所示。由各仪表测量变压器原边(AX,低压侧)的 U_1、I_1、P_1 及副边(ax,高压侧)的 U_2、I_2、P_2,并用万用表 $R\times 1$ 挡测出原、副绕组的电阻 R_1 和 R_2,即可算得变压器的以下各项参数值:

电压比 $K_U = \dfrac{U_1}{U_2}$,   电流比 $K_I = \dfrac{I_2}{I_1}$,

原边阻抗 $Z_1 = \dfrac{U_1}{I_1}$,   副边阻抗 $Z_2 = \dfrac{U_2}{I_2}$,

阻抗比 $= \dfrac{Z_1}{Z_2}$,   负载功率 $P_2 = U_2 I_2 \cos\varphi_2$,

损耗功率 $P_o = P_1 - P_2$,

功率因数 $= \dfrac{P_1}{U_1 I_1}$,   原边线圈铜耗 $P_{Cu1} = I_1^2 R_1$,

副边铜耗 $P_{Cu2} = I_2^2 R_2$,   铁耗 $P_{Fe} = P_o - (P_{Cu1} + P_{Cu2})$

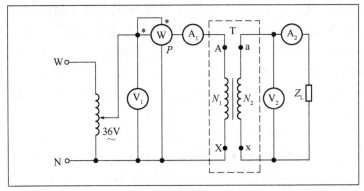

● 实验图18　变压器参数测量电路

（2）铁芯变压器是一个非线性元件,铁芯中的磁感应强度 B 取决于外加电压的有效值 U。当副边开路（空载）时,原边的励磁电流 I_{10} 与磁场强度 H 成正比。在变压器中,副边空载时,原边电压与电流的关系称为变压器的空载特性,这与铁芯的磁化曲线（B-H 曲线）是一致的。空载实验通常是将高压侧开路,由低压侧通电进行测量,又因空载时功率因数很低,故测量功率时应采用低功率因数瓦特表。此外,因变压器空载时阻抗很大,故电压表应接在电流表外侧。

（3）变压器外特性测试。

为了满足三组白炽灯负载额定电压为 220V 的要求,故以变压器的低压（36V）绕组作为原边,220V 的高压绕组作为副边,即当作一台升压变压器使用。

在保持原边电压 U_1（=36V）不变时,逐次增加白炽灯负载（每只白炽灯为 15W）,测定 U_1、U_2、I_1 和 I_2,即可绘出变压器的外特性曲线,即负载特性曲线 $U_2=f(I_2)$。

三、实验设备（实验表26）

四、实验内容

（1）按照实验图18线路接线。其中 A、X 为变压器的低压绕组,a、x 为变压器的高压绕组,即电源经屏内调压器接至低压绕组,高压绕组 220V 接 Z_L,即 15W 的白炽灯组负载（3只白炽灯并联）,经指导教师检查、同意后方可进行实验。

（2）将调压器手柄置于输出电压为零的位置（逆时针旋到底）,合上电源开关,并调节调压器,使其输出电压为36V。令负载开路及逐次增加负载（最多亮 5 个白炽灯）,分别记下 5 个仪表的读数,记入自拟的数据表格,绘制变压器外特性曲线。实验完毕将调压器调回零位,断开电源。

单相铁芯变压器特性的测试实验设备

实验表26

序号	名称	型号与规格	数量
1	交流电压表	0~500V	2
2	交流电流表	0~5A	1
3	单相功率表		1
4	实验变压器	220V/36V 50VA	1
5	自耦调压器		1
6	白炽灯	220V,15W	5

当负载为 4 个及 5 个白炽灯时,变压器已处于超载运行状态,很容易烧坏。因此,测试和记录应尽量快,总共不应超过 3min。实验时,可先将 5 只白炽灯并联安装好,断开控制每个白炽灯的相应开关,通电且电压调至规定值后,再逐一打开各白炽灯的开关,并记录仪表读数。开启 5 只白炽灯的数据记录完毕后,立即用相应的开关断开各白炽灯。

(3)将高压侧(副边)开路,确认调压器处在零位后,合上电源,调节调压器输出电压,使 U_1 从零逐次上升到 1.2 倍的额定电压($1.2 \times 36V$),分别记下各次测得的 U_1、U_{20} 和 I_{10} 数据,记入自拟的数据表格,用 U_1 和 I_{10} 绘制变压器的空载特性曲线。

五、实验注意事项

(1)本实验是将变压器作为升压变压器使用,通过调节调压器提供原边电压 U_1,故使用调压器时应首先调至零位,然后才可合上电源。此外,必须用电压表监视调压器的输出电压,防止被测变压器输出过高电压而损坏实验设备,且要注意安全,以防高压触电。

(2)由负载实验转到空载实验时,要注意及时变更仪表量程。

(3)遇到异常情况,应立即断开电源,待处理好故障后,再继续实验。

六、思考题

(1)为什么本实验将低压绕组作为原边进行通电实验?此时,在实验过程中应注意什么问题?

(2)测量变压器的励磁参数时,为什么要求变压器原边施加额定电压且副边空载?

七、实验报告

(1)根据实验内容,自拟数据表格,绘出变压器的外特性和空载特性曲线。

(2)根据额定负载时测得的数据,计算变压器的各项参数。

(3)计算变压器的电压调整率 $\Delta U\% = \dfrac{U_{20} - U_{2N}}{U_{20}} \times 100\%$。

(4)回答思考题中的有关问题。

(5)实验的心得、体会等。

实验 9
三相异步电动机的正反转控制线路

一、实验目的

(1)通过对三相异步电动机反转控制线路的接线,掌握由电路原理图接成实际操作电路的方法。

(2)掌握三相异步电动机正反转的原理和方法。

二、选用组件

电机综合实验装置　　　　一台
三相鼠笼异步电机+直流发电机　　一台

三、实验方法

1. 接触器联锁正反转控制线路(实验图 19)

(1)选用 HDZ61 挂件,电机选用 Y-100L1-4 型三相鼠笼式异步电动机(Y/380V)。按照如实验图 19 所示电路接线,经指导教师检查无误后,方可通电操作。

(2)合上电源开关 Q_1,接通 380V 三相交流电源。

(3)按下正转按钮 SB_1,观察并记录电动机 M 的转向、接触器自锁和联锁触点的吸断情况。

(4)按下停止按钮 SB_3,观察并记录 M 的运转状态、接触器各触点的吸断情况。

(5)按下反转按钮 SB_2,观察并记录 M 的转向、接触器自锁和联锁触点的吸断情况。

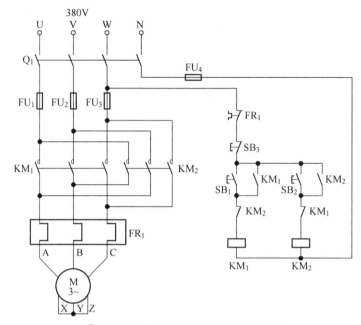

● 实验图19　接触器联锁正反转控制线路

2.按钮联锁正反转控制线路

(1)选用HDZ61挂件,电机选用Y-100L1-4型三相鼠笼式异步电动机(Y/380V)。按照实验图20所示电路接线经指导教师检查无误后,方可通电操作。

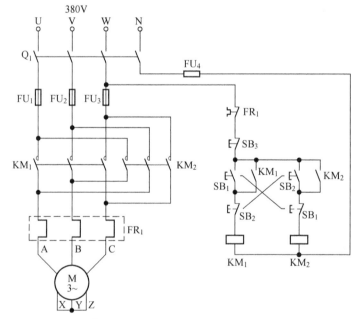

● 实验图20　按钮联锁正反转控制线路

(2)合上电源开关Q_1,接通380V三相交流电源。

(3)按下正转按钮SB_1,观察并记录电动机M的转向、各触点的吸断情况。

(4)按下停止按钮 SB_3,观察并记录电动机 M 的转向、各触点的吸断情况。

(5)按下反转按钮 SB_2,观察并记录电动机 M 的转向、各触点的吸断情况。

3. 按钮和接触器双重联锁正反转控制线路

(1)选用 HDZ61 挂件,电机选用 Y-100L1-4 三相鼠笼式异步电动机(Y/380V)。按照按实验图 21 所示电路接线,经指导教师检查无误后,方可通电操作。

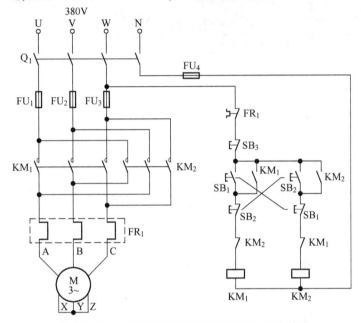

● 实验图21　按钮和接触器双重联锁正反转控制线路

(2)合上电源开关 Q_1,接通 380V 交流电源。

(3)按下正转按钮 SB_1,观察并记录电动机 M 的转向、各触点的吸断情况。

(4)按下停止按钮 SB_2,观察并记录电动机 M 的转向、各触点的吸断情况。

(5)按下反转按钮 SB_3,观察并记录电动机 M 的转向、各触点的吸断情况。

四、思考题

(1)试分析实验图 19、实验图 20、实验图 21 各有什么特点。

(2)接触器和按钮的联锁触点在继电接触控制中起到什么作用?

技能训练1
触电急救

一、训练目的

(1) 会正确判断触电的方式,并且迅速采取正确的抢救措施。

(2) 掌握两种常用的触电急救措施及正确操作要领。

二、设备

适用的一体化教学场所,配有必需的教学设备、教学录像或PPT课件等。

三、训练内容

1. 人工呼吸法

若触电者出现呼吸停止状况,应及时采取人工呼吸急救措施。人工呼吸急救措施的步骤与要领如下:

(1) 帮助触电者脱离电源后,将其移动到安全、通风、阴凉处平躺,松开其衣领、腰带等,方便其胸部自由扩张。

(2) 观察触电者口内是否有异物等,若有异物存在,则将其头部侧向一边,帮其清除异物。

(3) 适当抬起其颈部,令其嘴巴张开,捏住触电者鼻孔。

(4) 施救者深呼吸一口气,然后对准触电者口部向内吹气 $2 \sim 3s$。

(5) 吹气结束,同时松开鼻孔,令其呼气。

(6) 反复上述步骤。直到其恢复呼吸或者120急救人员到来。

2.胸外心脏按压法

若触电者出现心跳停止的状况,应及时采取胸外心脏按压法抢救。胸外心脏按压法的步骤与要领如下:

(1)帮助触电者脱离电源后,将其移到安全通风、阴凉处,平躺。

(2)施救者位于触电者身旁,找准按压点(按压点在剑突穴上方两指处或者胸骨下1/3处)。

(3)将一只手的掌根放在按压点上,另一只手叠压其上,使肩、肘、腕成一线并垂直于胸骨,以施救者身体重力按压下去,下陷4~5cm时快速收力、放松。

(4)反复上述动作,直到触电者苏醒或者120急救人员到来。

(5)按压要领:按压速率80~100次/min,按压后快速放松时掌跟不能离开按压点。

四、训练报告

完成上述训练后,请填写实训表1。

急救操作步骤与要领　　　实训表1

序号	急救措施	主要操作步骤与要领	备注
1	人工呼吸法		
2	胸外心脏按压法		

技能训练 2
导线的剖削

一、训练目的

(1) 了解电工刀的类型与功能。
(2) 掌握电工刀的使用技巧与导线绝缘层的剖削。

二、训练器材

电工刀、塑料硬线、塑料护套线、橡皮线等。

三、训练内容——导线绝缘层的剖削

(1) 对于截面积不大于 $4mm^2$ 的塑料硬线绝缘层的剖削，人们一般用钢丝钳进行，剖削的方法和步骤如下：

①根据所需线头长度用钢丝钳刀口切割绝缘层，注意用力适度，不可损伤芯线。

②左手抓牢电线，右手握住钢丝钳钳头用力向外拉动，即可剖下塑料绝缘层，如实训图 1 所示。

③剖削完成后，应检查线芯是否完整无损，如损伤较大，应重新剖削。塑料软线绝缘层的剖削，只能用剥线钳或钢丝钳进行，不可用电工刀剖，其操作方法与此同。

(2) 对于芯线截面大于 $4mm^2$ 的塑料硬线，可用电工刀来剖削绝缘层。其方法和步骤如下：

①根据所需线头长度用电工刀以约 45°角倾斜切入塑料绝缘层，注意用力适度，避免损伤芯线。

②使刀面与芯线保持 25°角左右，用力向线端推削，在此过程中应避免电工刀切割芯线，只削去上面一层塑料绝缘。

③将绝缘层向后翻起，用电工刀齐根切去。操作过程如实训图 2 所示。

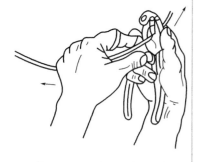

● 实训图 1　钢丝钳剖削塑料硬线绝缘层

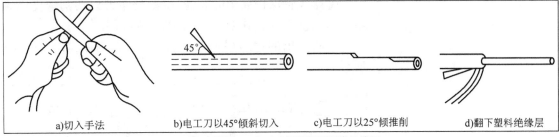

● 实训图 2　电工刀剖削塑料硬线绝缘层

（3）塑料护套线绝缘层的剖削必须用电工刀来完成，剖削方法和步骤如下：

①按所需长度用电工刀刀尖沿芯线中间缝隙划开护套层，如实训图 3a）所示。

②向后翻起护套层，用电工刀齐根切去，如实训图 3b）所示。

③在距离护套层 5～10mm 处，用电工刀以 45°角倾斜切入绝缘层，其他剖削方法与塑料硬线绝缘层的剖削方法相同。

④用与剖削塑料线绝缘层相同的方法剖去橡皮层。

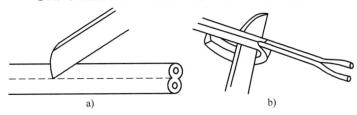

● 实训图 3　塑料护套线绝缘层的剖削

（4）橡皮线绝缘层的剖削方法和步骤如下：

①先把橡皮线编织的保护层用电工刀划开，其方法与剖削护套线的护套层方法类似。

②剥离棉纱层至根部，并用电工刀切去。操作过程如实训图 4 所示。

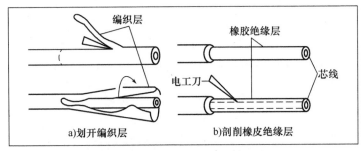

● 实训图 4　橡皮线绝缘层的剖削

（5）花线绝缘层的剖削方法和步骤如下：

①根据所需剖削长度，用电工刀在导线外表织物保护层割切一圈，并将其剥离。

②距织物保护层 10mm 处,用钢丝钳刀口切割橡皮绝缘层。(注意:不能损伤芯线,拉下橡皮绝缘层。)

③将露出的棉纱层松散开,用电工刀割断,如实训图 5 所示。

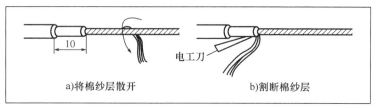

实训图 5　花线绝缘层的剖削

四、训练报告

(1)简述使用电工刀剖削导线绝缘皮的主要操作步骤。

(2)电工刀应用注意事项。

技能训练 3
导线的连接

一、训练目的

(1) 理解导线连接的必要性。
(2) 熟悉不同导线的连接方式。
(3) 掌握常用导线接头的连接方法。

二、训练器材

(1) 尖嘴钳、剪钳、钢丝钳、电工刀等工具。
(2) 常用的不同规格导线。

三、训练内容

1. 单股铜线直线连接

(1) 把两线头的芯线做 X 形相交,互相紧密缠绕 2~3 圈,如实训图 6a) 所示。
(2) 把两线头扳直,如实训图 6b) 所示。
(3) 将每个线头围绕芯线紧密缠绕 6 圈,并用钢丝钳把余下的芯线切去,最后钳平芯线的末端,如实训图 6c) 所示。

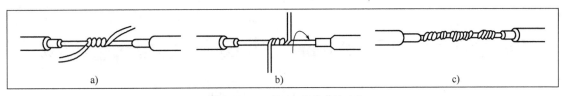

● 实训图 6 单股铜线的直线连接

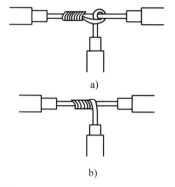

实训图7 单股铜线的T字形连接

2. 单股铜线的T字形连接

(1)如果导线直径较小,可按实训图7a)所示方法绕制成结状,然后再把支路芯线线头拉紧扳直,紧密地缠绕6~8圈后,剪去多余芯线,并钳平毛刺。

(2)如果导线直径较大,先将支路芯线的线头与干线芯线做十字相交,使支路芯线根部留出3~5mm,然后缠绕支路芯线,缠绕6~8圈后,用钢丝钳切去余下的芯线,并钳平芯线末端,如实训图7b)所示。

3. 多芯铜线(7芯为例)的直线连接

方法一:

(1)先将剖去绝缘层的芯线头散开并拉直,然后把靠近绝缘层约1/3长度的芯线绞紧,接着把余下的2/3长度芯线分散成伞状,并将每根芯线拉直,如实训图8a)所示。

(2)把两个伞状芯线隔根对插,并将两端芯线拉平,如实训图8b)所示。

(3)把其中一端的7股芯线按两根、三根分成三组,把第一组两根芯线扳起,垂直于芯线紧密缠绕,如实训图8c)所示。

(4)缠绕两圈后,把余下的芯线向右拉直,把第二组的两根芯线扳直,与第一组芯线的方向一致,压着前两根扳直的芯线紧密缠绕,如实训图8d)所示。

(5)缠绕两圈后,也将余下的芯线向右扳直,把第三组的三根芯线扳直,与前两组芯线的方向一致,压着前四根扳直的芯线紧密缠绕,如实训图8e)所示。

(6)缠绕三圈后,切去每组多余的芯线,钳平线端,如实训图8f)所示。

(7)另一侧的制作方法,芯线缠绕方向相反。

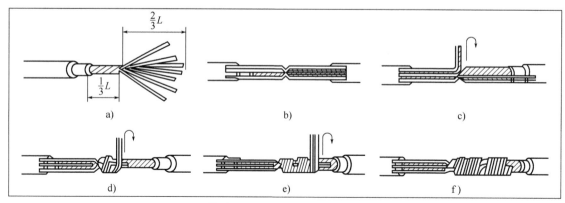

实训图8 7芯铜线的直线连接

方法二：

(1)同方法一步骤(1)。

(2)同方法一步骤(2)。

(3)把其中一端的7股芯线中的一根芯线扳起，垂直于芯线，紧密地缠绕直至缠完。

(4)同样的方法缠绕第三根、第四根、第五根，直至缠绕的长度大于导线芯线直径的5倍，多余的剪掉压平。

(5)同样的方法缠绕另一边，但是缠绕方向相反，并把另一边的第一根压在下边。

4.多芯铜线(7芯为例)的T字形连接

(1)把分支芯线散开钳平，将距离绝缘层1/8处的芯线绞紧，再把支路线头7/8的芯线分成4根和3根两组，并排齐；然后用螺钉旋具把干线的芯线撬开，分为两组，把支线中4根芯线的一组插入干线两组芯线之间，把支线中另外3根芯线放在干线芯线的前面，如实训图9a)所示。

(2)把3根芯线的一组在干线右边紧密缠绕3~4圈，钳平线端；再把4根芯线的一组按相反方向在干线左边紧密缠绕，如实训图9b)所示。缠绕4~5圈后，钳平线端，如实训图9c)所示。

7芯铜线的直线连接方法和T字形连接方法基本上适用于其他多芯铜导线。若芯线太多可剪去中间的几根芯线，连接后，需要在连接处进行钎焊处理，这样可以改善导电性能和增加其力学强度。

四、训练报告

(1)建议学生自己设计训练报告表格，并将上述测量数据填写在表格内。

(2)总结训练的内容、过程，同学们之间互动、交流训练的收获和体会。

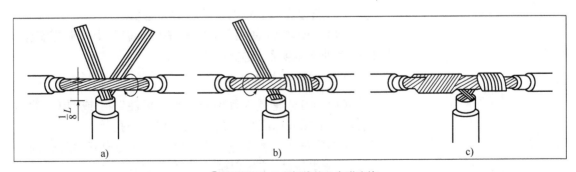

● 实训图9 7芯铜线的T字形连接

技能训练 4
万用表测量电压、电流

一、训练目的

(1) 熟悉万用表的种类、结构、工作原理及基本应用。
(2) 掌握万用表测量电压的方法及使用注意事项。
(3) 掌握万用表测量电流的方法及使用注意事项。

二、训练器材

(1) 模拟式万用表。
(2) 直流电路。

三、训练内容

1. 认识模拟式万用表以及准备工作

(1) 熟悉模拟式万用表表盘。
(2) 熟悉模拟式万用表转换开关、旋钮、插孔等的作用。
(3) 熟悉表盘上各刻度条表示的电量。
(4) 机械调零:使用前旋转调整位于表盘上的调零旋钮,使指针处于刻度条最左端"0"位置。

2. 万用表测量直流电压

(1) 将红表笔插入万用表表盘上标注" + "或"VΩ"的插孔,黑表笔插入标注" - "或者"COM"的插孔。
(2) 根据预估被测电压值的大小,将转换开关旋转到合适的直流电压挡,使量程略大于被测电压值。

(3)将万用表红表笔接到被测电路正极性端,黑表笔接到被测电路负极性端;使万用表与被测电路并联连接。如果测量前无法预判被测电路的高、低电势端,则先假设被测电路的高、低电势端,按上述方法将红、黑表笔快速碰触假设的高、低电势端。如果指针顺时针方向旋转,则假设正确;否则,表示假设的高、低电势端与实际电势相反,应对调表笔后测量。

(4)从直流电压刻度条上正确读取被测电路的直流电压值。

3.万用表测量交流电压

(1)万用表测量交流电压的方法、步骤与测量直流电压的方法、步骤大体相同。

(2)区别:测量交流电压前,将旋转开关到合适的交流电压挡;红、黑表笔连接电路时,不需要区分正、负端。

4.万用表测量直流电流

(1)将黑表笔插进"COM"孔,当被测电流小于0.2A,将红表笔插进"mA"孔;如果被测电流为0.2~20A,则将红表笔插进"20A"孔。

(2)根据预估被测电流值的大小,将转换开关旋转到合适的直流电流挡,使量程略大于被测电流值。

(3)将被测电路断开,将万用表红表笔接被测电路端口正极性端、黑表笔接被测电路端口负极性端。万用表与被测电路串联,使电流从红表笔流入、从黑表笔流出。

(4)从刻度条正确读取被测电路的直流电流值。

5.万用表测量交流电流

(1)万用表测量交流电流的方法、步骤与测量直流电流的方法、步骤大体相同。

(2)区别:测量前将旋转开关转到合适的交流电流挡,即选择合适的交流电流量程。红、黑表笔连接电路时不需要区分电流方向。

四、训练报告

(1)建议学生自己设计训练报告表格,并将上述测量数据填写在表格内。

(2)总结训练的内容、过程,同学们之间互动、交流训练的收获和体会。

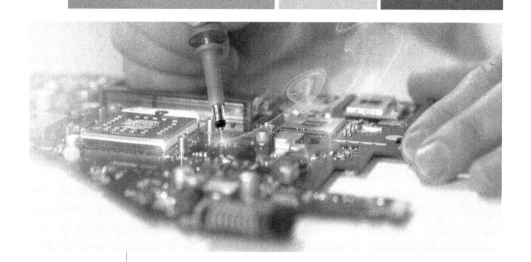

技能训练 5
万用表检测、识别主要元器件

一、训练目的

(1) 应用万用表测量电阻的阻值。
(2) 应用万用表检测、识别二极管。
(3) 应用万用表检测、识别三极管。

二、训练器材

模拟万用表,常用型号的电阻、二极管、三极管。

三、训练内容

1. 应用万用表检测电阻的阻值

(1) 将万用表红表笔插入表盘上标注"+"或者"VΩ"的插孔、黑表笔插入标注"-"或者"COM"的插孔。

(2) 将转换开关旋转到 Ω 挡,并选择合适倍率。

(3) 机械调零:将红、黑表笔短接,检查万用表指针是否指向零。若不指向零,应调整位于表盘上的调零旋钮,直到指针指向零。(注意:每切换一次倍率应重新调零。)

(4) 取待测电阻(注意:若电阻已经焊接于电路中,应关闭电路的电源,且将待测电阻从电路上取下),将万用表红、黑表笔分别连接待测电阻的两个引脚(注意:测试人员肢体不要接触引脚或表笔)。

(5) 调整 Ω 挡到合适挡位,尽量使万用表指针处于刻度盘的 1/2 到 2/3 的区域。根据刻度盘上指针位置正确读出数据,然后乘以倍率,则得到待测电阻的阻值。

2. 二极管正负极性的识别

(1)将万用表旋转开关切换到"$R \times 100$"或者"$R \times 1k$"挡位。

(2)参见电阻阻值测量方法。将红、黑表笔分别连接二极管的两个引脚,若测得阻值较小(一般在几千欧姆以下),表示二极管正向导通,则黑表笔所接为二极管阳极、红表笔所接为二极管阴极。若测得阻值很大(一般在几十千欧姆以上),表示二极管反向截止,红表笔所接为二极管阳极、黑表笔所接为二极管阴极。

3. 二极管性能检测

同种材料的若干二极管,测量其正向阻值,正向阻值相对比较小的二极管,其导通性能好。测量其反向阻值,反向阻值比较大的二极管,其反向截止性能好。

4. 应用万用表检测识别三极管

(1)三极管基极和管型的检测、识别

①同二极管正负极性识别步骤(1)。

②假设三极管某极为基极,接黑表笔,然后将红表笔依次接三极管另外的两极,若两次检测中万用表指针偏转均较大(阻值小,说明 PN 结正向导通),则可识别出黑表笔所接引脚为三极管基极,同时识别出其三极管为 NPN 型。

③若上述两次检测,没有出现万用表指针偏转均较大的情况,则更换三极管另外两极中某极接黑表笔,重复上述检测。若上述检测始终不能识别出基极,则对调表笔,任意选三极管的某极接红表笔,将黑表笔分别依次接三极管另外两极,若两次检测中万用表指针偏转均较大,则可识别出红表笔所接引脚为基极,且型号为 PNP 型。

(2)三极管集电极和发射极的检测、识别

①以 NPN 型三极管为例。已经识别出其基极,假设另外两极中某极为集电极、剩余一极为发射极。将黑表笔接假设的集电极、红表笔接发射极,用手指同时接触三极管的集电极和基极,观察并记录指针偏转角度。

②将上述假设的集电极重新假设为发射极、发射极重新假设为集电极,重复上述检测过程,观察并记录指针偏转角度。

③比较上述两次检测记录结果,指针偏转角度大的一次,假设的集电极和发射极是正确的。

四、训练报告

(1)建议学生自己设计训练报告表格,并记录有关检测数据。

(2)总结训练的内容、过程。同学们之间相互交流、互动训练的收获和体会。